城市·社会·空间研究丛书
周春山　主编

广州市人口老龄化空间结构演变及机制研究

童新梅　著

科学出版社
北　京

内 容 简 介

人口老龄化是21世纪我国面临的重要议题，从地理学角度研究城市人口老龄化的空间结构变化及其背后的动力机制问题，对优化城市老年人口的居住和社会空间布局具有较强的实践意义。本书利用广州市第五、第六次人口普查数据，首先分析广州市老龄化空间分布特征，其次采用因子生态分析方法划分老年人口社会空间地域类型，将两者叠加分析广州市人口老龄化空间结构并划分老龄化地域类型区，进而应用时间变量对比分析不同老龄化地域类型区的社会属性变化特征，总结老龄化空间演变特征和模式，揭示老龄化地域类型区形成和老龄化空间演变机制。

本书可供社会学、人文地理学、城市地理学等相关领域的科研人员和高校师生参考。

图书在版编目（CIP）数据

广州市人口老龄化空间结构演变及机制研究/童新梅著. —北京：科学出版社，2021.11

（城市·社会·空间研究丛书/周春山主编）

ISBN 978-7-03-070227-2

Ⅰ. ①广… Ⅱ. ①童… Ⅲ. ①人口老龄化－空间结构－研究－广州 Ⅳ. ①D669.6

中国版本图书馆CIP数据核字（2021）第215226号

责任编辑：肖　雷　常诗尧／责任校对：杜子昂
责任印制：张　伟／封面设计：刘云天

科学出版社出版
北京东黄城根北街16号
邮政编码：100717
http://www.sciencep.com
北京九州迅驰传媒文化有限公司印刷
科学出版社发行　各地新华书店经销
*
2021年11月第　一　版　开本：720×1000　1/16
2021年11月第一次印刷　印张：9 1/4
字数：173 000

定价：88.00元

（如有印装质量问题，我社负责调换）

“城市·社会·空间研究丛书”
序 言

改革开放以来，中国制定了一系列的措施来促进社会经济的快速发展。1979 年设立深圳、珠海等沿海经济特区，1982 年农村家庭联产承包责任制改革，1984 年允许农民自理口粮落户的户籍制度改革，1986 年的劳动合同制度改革，等等，中国的农村社会从封闭式的独自发展逐步变成了与城市发展高度互动的局面，大量劳动力从土地上解放出来涌入城市，形成了农村流动人口，中国经济实力大大增强，城市化水平不断提高，城市规模不断扩大，城市空间结构发生了巨大的变化。

城市地理学历来主要从两个角度研究城市。一是把城市当作点，研究城市的产生、发展以及包括城市规模结构、职能结构、空间结构在内的区域城市体系；二是把城市当作面，研究城市的土地利用、社会空间、市场空间、感应空间等城市内部空间结构。在计划经济时期，由于各方面的因素，学者们研究更多的是区域城市体系，出现了一批经典的研究成果。改革开放之后，随着经济的发展和城市问题的增多，城市内部空间结构的研究开始受到重视。

1991 年秋，我有幸成为中国城市地理学的创始人之一——许学强教授的博士生。许教授把中国城市地理研究与国际研究接轨，在中国城市化与城镇体系、珠江三角洲区域发展、城市规划教育等领域做出了开创性贡献。许教授告诉我一件日常观察的小事情记忆犹新。海珠桥建于 1924 年，是连接广州市中心（老城区）与外围地区的重要通道。在 20 世纪 80 年代之前，从这座桥梁可以看出，上班时间自行车流主要从市中心向外走，而下班时间自行车流则从外围地区流向市中心；从 90 年代开始，自行车流出现了逆转，即上班时间自行车流从外围地区流向市中心，而下班时间自行车流则从市中心流向外围地区。许教授很有远见地意识到城市内部空间结构正在发生巨大变化。在许教授的指导下，我选择广州城市人口分布变动与迁居这个题目作为博士论文的选题。从此，开始了我的城市内部空间结构研究的学术生涯。

2001 年之后，我开始招生硕士和博士研究生。我指导的研究生的论文选题主要关注城市内部空间结构变化与区域发展两类主题。在城市内部空间结构这类主题上，从城市人口分布变动、住房空间变化到社会空间演化，从城市工业发展到城市商业、服务业发展，从城市 CBD 建设到城中村、城市边缘区的发展，从城市服务设施、基础设施的供给到公园绿地的公平性，从新城建设到旧城改造，从城市的遗产保护到提升城市的竞争力，从传统城市到信息城市等议题我们都有涉及。然而，近十多年来，随着大城市的快速扩张，城市环境生态问题、社会问题凸显，近几年我指导的研究生把论文选题更多地集中在上述两类困扰城市发展的问题上。

改革开放之后，城市社会空间发生了较大变化。1989 年许学强教授等在《地理学报》发表了《广州社会空间的因子生态分析》，这是中国第一篇系统分析城市社会区的论文，我从这篇论文中学习到很多知识，开拓了视野。此后我带领研究生采用每十年的人口普查数据等，对比《广州社会空间的因子生态分析》的研究结论，对广州社会区的发展变化进行跟踪研究，分别于 2006 年、2016 年在《地理学报》发表了《转型时期广州市社会区分析》《广州市社会空间结构演变跟踪研究》论文。广州是一个历史文化名城，也是改革开放前沿、经济发达的城市，我们在跟踪研究广州社会区中，深感一些社会群体，如中产阶层、低收入群体、农民工，以及一些社会问题，如人口老龄化等需要进行深入研究。在我的国家自然科学基金项目“转型期中产阶层空间分异及形成机制研究”的支持下，我的研究生开始了不同群体社会空间的研究，并发表了相关研究成果，完成了博士论文。他们毕业之后都在高校从事教学研究工作，并以博士论文的研究为基础，进一步拓展了城市社会空间研究的不同领域，并获得了国家自然科学基金的资助，发表了高水平的论文，成为单位的骨干力量。

城市、社会和空间，是一个密切关联的研究领域。希望年轻的博士毕业生们能以此套丛书的出版为起点，在学术研究上更上一层楼，也希望此套丛书能为快速发展的中国城市地理学贡献一份微薄的力量。

周春山

2020 年 6 月 22 日

前　言

人口老龄化是21世纪世界普遍面临的重要问题。中国人口发展受严格的计划生育政策的影响，老龄化进程具有发展速度快和老龄化程度区域分布不均衡等特点。人口的快速老龄化使中国社会发展面临一系列问题和挑战，老龄化对宏观经济整体环境（最直接地对社会保障支出，如养老保险金和医疗保险金）等的影响是面临的重要问题，城乡之间、区域内部老龄化空间分布差异对社会发展带来的影响也应该引起高度重视。

在我国人口老龄化地区不平衡发展的态势中，以大城市老龄化程度较高，城市空间发展面临人口老龄化空间分异发展不均衡而导致老年人口分布与城市用地布局、公共设施配置、道路交通规划等空间发展不匹配的问题。当前的城市规划多以静态的人口规模落实城市空间规划要素的设置，缺乏应有的对人口尤其是老年人口空间快速动态变化的认识，导致城市规划建设与老龄化空间发展不同步，因此，在城市规划的过程中，应积极探讨人口结构及其空间变化带来的需求增长，对城市空间发展规划进行不断的动态调整，以达到满足老年人空间需求的长远性、前瞻性规划策略要求。为此，有必要从地理学的空间视角出发，了解老年人口的空间分布特征，总结城市老龄化空间结构的演变规律，从而为制订满足老年人空间需求的规划策略奠定基础。

广州市作为经济发展较快的省会大城市，也是典型的老龄化城市。资料显示，广州市户籍人口中60岁以上老年人口比例在1992年就达到了10%，较全国提早7年进入了老龄化社会，广州市2010年第六次人口普查，老年人口比例为10.25%，虽然这表明广州市20年来老龄化进程缓慢，但老年人口数量持续增长，人口老龄化程度日趋严重，尤其是伴随快速城市化过程出现的大量人口迁移流动，深刻地影响了广州市老龄化空间的演变模式和机制，使城市面临着人口老龄化带来的老年人对社会养老服务不断增长的需求等问题。

基于以上背景，本书以广州市作为研究对象，在对广州市老龄化空间分布及老年人口社会空间特征的宏观、中观分析基础上研究城市老龄化空间结构特征和演变模式，结合对微观个体的问卷调查和访谈分析各种老龄化地域类型区的社会经济特征，试图从不同年龄人群空间分布的影响因素来解析老龄化空间结构演变的形成机制，从而可以充分把握老龄化影响下城市空间结构的变化，以及在城市空间变化的情况下未来城市规划建设应对老龄化该采取哪些对策。由此可见，本书不仅为我国大城市合理制订城市空间发展规划策略应对老龄化空间问题提供参考，具有实践意义，而且能进一步丰富中国人口地理学和老龄化地理学的空间实证内容，具有一定的理论意义。

全书共 7 章，第 1 章为绪论，主要分析国内外老龄化地理研究进展；第 2 章分析广州市人口老龄化及其空间分布变化特征和趋势；第 3～6 章分析广州市人口老龄化空间结构演变及机制，首先进行老年人口社会空间结构分析，其次从宏观层面把握人口老龄化空间结构特征和演变模式，进而微观分析老龄化社区内部老年人口社会结构特征变化和老龄化地域类型区形成原因，从而解析人口老龄化空间结构的演变机制；第 7 章是研究结论和讨论。

作　者

2021 年 5 月

目　　录

第1章 绪　论

1.1 相关概念

1.1.1 人口老龄化

1. 概念含义

人口老龄化（aging of population 或 population aging）的概念在众多文献中具有不同的表述。《人口科学词典》认为人口老龄化是指“老年人口在总人口中的比例不断上升的过程，这个过程是近代社会人口再生产过程中的一种人口现象，它是一个动态概念”[1]；《社会科学新词典》认为人口老龄化是老年人（65 岁以上）占总人口比例日益增大的现象，一般表现为老年人口数增加、少儿和年轻人口数下降、中位年龄人口数相对稳定；联合国人口委员会的《多种文字人口学词典》定义人口老龄化为“老年人在人口中的比例增大”[2]；《人口手册》对人口老龄化定义为老年人口比例不断增加或者青少年人口比例不断递减的渐进过程[3]；还有多名学者提出的各种定义。虽然表述不同，但总体概念都包含老年人口比例不断上升的人口年龄结构动态变化过程的含义，此即为本书对人口老龄化概念的理解。

从人口老龄化的概念引申其含义包括：①整体人群（人口）的年龄结构转向老年型的趋势是人口老龄化的具体体现，与个体老化有区别；②指年轻人口减少、老年人口增加而形成老年人口比例增长的动态趋势过程，而非某一时点的静态老年型人口年龄结构；③老年人口比例增长的同时，也必须具有整体人群年龄中位数上升的指标特征。

2. 相关概念辨析

（1）老龄化问题与老年人问题。老龄化问题与老年人问题具有一定的联系，但二者也存在明显的区别。老龄化问题是老年人口比例不断上升的人口年龄结构动态变化过程中产生的问题，是社会经济发展到一定阶段才出现的人口比例-结构性问题，属于人口学的基本或总体性问题；老年人问题的研究对象是老年人口这一特殊的群体使社会面临的某些特殊需求和问题，是贯穿人类社会发展始终的人口规模-数量性问题，属于老年学或社会学的亚人口问题[4]。一个国家或地区的人口无论是否存在老龄化问题，老年人问题都会一直存在。两者有明显区别，不应该被混淆，当然两者也有关联之处。一是在实践当中，绝大多数情况是老年人口数量都随着人口老龄化的过程增长；二是因为老龄化过程中所有年龄组的人口比例都可能变化，所以老龄化问题涉及所有年龄组人口比例变动引发的社会经济影响问题，当然也就包含有老年人口变动造成的社会经济影响问题。

（2）老龄化与老化。表面上，老龄化与老化似乎关系密切，都关系到老年问题，但其实两者含义不同。虽然老化和老龄化同样具有年龄随时间递增之意，但老化更多地寓意人类个体的生物老化，是一种普遍的生物现象，是受生物规律制约的不可逆的自然过程，而且暗含变得衰弱和功能减退的含义；而老龄化则是人类历史发展到一定阶段必然经历的一个社会过程，属于历史范畴，它在影响因素变化时可以转向年轻化，所以具有可逆转性[5]。因此老龄化与老化相互混用是不科学的。

（3）老龄化与老龄。老龄的词义按照英文的解释是“正在老化的人”，实际既包含“老年人”的意思，又突出人的老化过程，因此老龄问题的核心即是指正在变衰老的老年人问题[6]，由此老龄化与老龄的区别又可归结到老龄问题和老年人问题上。经过 1982 年的维也纳老龄问题世界大会，虽然老龄问题比之于老年人问题内涵扩展了许多，但老龄化与老龄两个概念的性质仍然可以明确分辨于人口学范畴和社会学范畴中。

3. 相关标准

（1）老年人口年龄标准。老年人口是总人口中排列在较高年龄序列的那部分队列人口[7]，通常指年龄 60 岁或 65 岁以上迈入老年期的人口。老年人口年龄界线没有统一的标准，相关文献记载，20 世纪初有学者从生育年龄视角定义老年人口起点标准为 50 岁，1956 年联合国人口司在第一份关于人口老龄化的研究报告中采用 65 岁作为老年人口年龄划分标准，1982 年的维也纳老龄问题世界大会将 60 岁或 65 岁定义为老年人口起始年龄。目前按国际通用的划分标准，发达国家多采用 65 岁作为老年人口的年龄界线，大多数发展中国家则将老年人口的年龄起点定为 60 岁。在我国，学术界对老年人口起点年龄也没有统一的标准，但按现行的国家法律规定的退休年龄标准多以 60 岁为老年人口年龄起点，因此全国老龄工作委员会也采用 60 岁为老年人口年龄标准。本书考虑广州市人口结构的实际情况和研究目标，将 60 岁定义为老年人口年龄界线，相应的少儿人口年龄标准为 15 岁以下，其余即为劳动年龄人口。

（2）老龄化社会界定标准。国际上学者和组织对老龄化社会的界定标准有诸多说法，1956 年联合国按 65 岁老年人口年龄标准划定此年龄以上人口比例达到 7%为老龄化社会界标，并且依此明确划分人口年龄结构为年轻型、成年型和老年型三种类型；1982 年维也纳老龄问题世界大会鉴于发展中国家的老龄化状况而调整老龄化社会标准为 60 岁及以上老年人口比例达到 10%，同样也划分了三种人口年龄结构类型，如表 1-1 所示。目前此老龄化社会界定标准为世界各国普遍接受，据此界定一个国家或地区 60 岁（或 65 岁）以上人口达到 10%（或 7%）即进入老龄化社会，人口结构为老年型。

表 1-1 人口年龄结构划分标准

划分标准	人口年龄结构类型		
	年轻型	成年型	老年型
60 岁以上人口比例/%	5 以下	5～10	10 以上
65 岁以上人口比例/%	4 以下	4～7	7 以上
0～14 岁人口比例/%	40 以上	30～40	30 以下
年龄中位数/岁	20 以下	20～30	30 以上
老少比/%	15 以下	15～30	30 以上

数据来源：联合国制定的人口年龄结构类型划分标准。

1.1.2 老龄化的度量指标

1. 度量老龄化程度指标

度量老龄化程度指标有老年人口比例、少儿人口比例、人口年龄中位数、老少比、老年抚养比等指标。

（1）老年人口比例：指达到老年人口年龄标准（60 或 65 岁）的老年人口数占总人口的比值，可简称为老年比。这一指标是衡量人口年龄结构变动特征的重要指标，它简单方便且能最直观地表达老龄化程度，故而是度量老龄化程度最具有代表性、最常用的指标，因此也被称为老年人口系数、老龄化系数。本书亦采用老年人口比例这个指标。

（2）少儿人口比例：即 0～14 岁人口占总人口的比值。此指标的变动大致可以反映老龄化程度，因为在整体人口年龄结构中如果支点为劳动年龄人口，则少儿人口比例和老年人口比例如同天平的两端，此升彼降，少儿人口比例下降时，就意味着老年人口比例的上升，也就是老龄化程度加深。

（3）人口年龄中位数：将全体人口按年龄大小顺序排列成连续的变量数列，数列的中间值即为年龄中位数，也称为中位年龄。年龄中位数将总人口均分成两部分，指标的上升表示总人口中年长者数量增加，年少者数量减少，也就可以反映老龄化程度加深。

（4）老少比：即老年人口数和少儿人口数之比。该指标以人口年龄结构两端的相对变动来反映老年、少儿人口的比例变化，更可以辨析老龄化进程受少儿人口和老年人口比例变动的影响。

（5）老年抚养比：老年人口数与劳动年龄人口数之比。该指标用百分比数值表示 100 名劳动年龄人口要负担的老年人口数，因此也称为老年负担系数。

2. *度量老龄化速度指标*

度量老龄化速度指标主要有老年人口比例年平均增长率、老龄化率、老年人口比例达到某一水平所需的年数等。

（1）老年人口比例年平均增长率：指一定年限内，老年人口比例平均每年增长的速度。

（2）老龄化率：即老年人口增长率与总人口增长率的比值。该指标可以对老年人口相对比总人口的增长速度进行对比测度。用百分比表示的该指标数值大于 100（或小于 100）可以判断老年人口增长速度比总人口快（或慢），相应的老龄化进程加速（或减慢）。

（3）老年人口比例达到某一水平所需的年数。比较直接的指标，根据全国老龄工作委员会有关老龄化预测数据，老年人口比例由 7%上升至 14%的水平，我国这一指标值是 27 年，比法国（130 年）、瑞典（85 年）、美国（79 年）老龄化速度都快。

1.1.3 老龄化地理与老龄化空间

老龄化的实质是人口年龄结构产生变动的动态过程，是社会经济发展到一定阶段出现的特殊现象，多数研究将其归属于人口学范畴，但在老龄化研究中又不可避免地涉及老年人口这一社会学范畴的研究对象。从地理学视角研究老龄化，则形成了研究老龄化这一人口现象和相关的老年人口地理分布的一个特定学术领域——老龄化地理。一般认为它属于人文地理学和社会老年学的交叉学科领域，其研究内容主要包括老龄化空间过程和空间模式（老年人口空间分布和动力及其行为和迁移）、老年人与其生活环境的空间格局及需求服务可达性等。

地理学最基本的特性——空间性与老龄化现象的结合衍生出老龄化地理最重要的概念——老龄化空间，这一概念不仅指描述老年人口空间分布的实体地理单元区域，同时也包含描述老龄化程度的空间差异是所指代的抽象空间单元区域[8]。本书的老龄化空间概念均包括以上两个方面。

1.2 国外老龄化地理研究进展

自 19 世纪后期法国最早出现人口老龄化开始，到 20 世纪，西方许多国家相继经历人口转变进入老龄化社会，在全球人口、资源、环境面临可持续发展问题的背景下，人口老龄化带来的老年人健康、养老服务、社会福利和政策应对及对社会生产和消费等社会经济影响问题引起了西方学者的广泛关注。早期的老龄化和老年人研究以人口学、社会学、经济学、医学和生物学等领域为主，20 世纪 40 年代伴随人口老龄化发展起来的老年学和其他交叉学科开始借鉴地理学方法研究老年人口地理方面（如分布、移动、环境等），20 世纪 70 年代，以 Rowles、Warnes 和 Golant 等为代表的北美和英国地理学家进行了老龄化地理领域的开拓性研究。

国外地理学对老龄化的研究多为多学科交叉融合研究，如老年学和地理学的交叉研究、地理学对老年人口空间分布及个人生活空间的研究等。地理学显然只是那些积极参与具有地理单元的老年学工作的众多学科之一。在某些情况下（如社会学、人口和环境心理学），空间的角度一直并长期在其他领域（如流行病学、社会医学和公共卫生）存在，因此初始，地理学方法只是作为其他学科研究老龄化的一种工具，为人口学、老年学、医学等学科领域研究涉及空间关系时所借鉴。直到 20 世纪 80 年代末，国外学界才开始把老龄化研究纳入社会地理学研究的分支范围[9]。20 世纪末，地理学经历人文主义转型和最近的社会批判理论和文化取向，与老年学产生的更多融合涉及最恰当的（但不是相互排斥）的人文地理学分支和影响了该领域发展的社会老年学，其研究的焦点已超越健康、疾病、护理等传统研究主题和社会地理学的范畴[10]。Andrews 等以“地理老年学”（geographical gerontology）称呼这个新的领域，认为其核心问题是“在老年人、健康和地点之间新的社会和空间关系”，并划分为宏观的“空间”（包括人口态势、服务政策和生活环境等）和微观的“场所”（包括地方选择、情感和身体等）两种主要研究内容[10]。

西方老龄化地理（geographies of ageing）研究涉及人文地理学的人口地理学、医学地理学、健康地理学、文化地理学和社会地理学，以及社会老年学的文化老年学、环境老年学等分支学科[11]，是一个跨学科（主要为老年学和地理学的交叉融合）的研究领域，也被称为“地理老年学”[10]。老龄化地理研究的核心问题，是对相互作用的老年人、空间和地方之间关系的研究[12]。西方国家老龄化地理研究的发展历程与人文地理学研究转向和思潮有密切关系。20 世纪 60 年代“计量革命”引发西方地理学界实证主义研究，70 年代以来人文主义思潮下人文地理学从宏中观区域描述向微观个体行为空间研究的转变，90 年代以后在后现代主义、新自由主义、女性主义等思潮下人文地理学出现的“文化转向”，均对地理学的老龄化研究产生深刻的影响，据此将西方国家老龄化地理研究历程划分为 3 个阶段（图 1-1）。

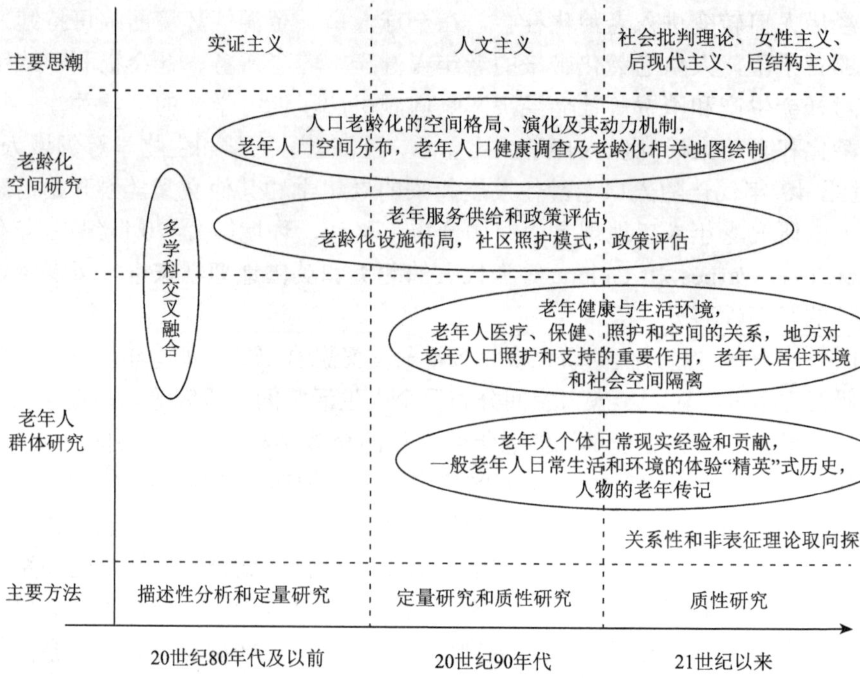

图 1-1　西方国家老龄化地理研究进展

（1）20 世纪 80 年代及以前。老龄化地理领域的研究以 20 世纪 70 年代北美和英国地理学家的开拓性工作为始，初期的研究包括老年人地理集中、老年移民、老年人–环境相互作用调查、服务提供的政策导向等主题的描述性分析[13]，此时期更多的是人口学、老年学、医学等学科领域借鉴地理学方法作为一种工具来研究老龄化。直到 20 世纪 80 年代末，老龄化地理研究才被看作社会地理学的一个分支，其关于老龄化和老年人研究的主要方向，集中于运用经验主义或实证主义方法研究老年人的空间分布及其随时间的变化和为老年人服务提供两大主题[9]。

（2）20 世纪 90 年代。地理学家在反思持续占主导地位的经验主义和实证空间科学方法的不足的基础上，对老龄化和老年人研究的传统主题和方式逐渐深入并日益成熟，主要集中于人口老龄化空间趋势和老年人口行为、各种老龄化设施和环境的考察、保健和护理等方面。同时，受人文主义思潮的影响，地理学与老年学产生了更多的融合，老龄化地理人文研究的视角除了关注老年人健康、医疗保健、照护等传统研究主题外，还开始关注特定地方老年人生活的日常经验，老龄化的研究范畴已不仅限于社会地理学，而逐步形成了人文地理学的一个分支[10]。

（3）21 世纪以来。在地理学研究开始注重社会、制度和文化等因素的“文化转向”总体趋势下，老龄化地理学从人文地理的文化转向中学习理论和方法论，与学科的理论发展尤其是社会批判理论、女性主义、后现代主义和后结构主义相联系[14, 15]，老龄化的地理关注范围进一步扩大，超越了人文地理学和社会老年学关于老年人流动性、居住、福利、护理和日常生活方面的传统经验领域，尤其是在社会和文化地理学的延伸更广泛，促进了老龄化地理研究理论和方法论的多元化发展[10, 16]，如并行发展的人文地理学和社会老年学分别以各种方式批判性地与人文科学重新结合后，日益转向参与老年人个体日常现实经验的微观层面研究，对包括传记、自传、口述历史、民族志等一系列质性研究方法的探索，以及现代人文地理的关系性（relationality）和非表征（non-representational）理论取向探索的兴趣与日俱增[11]。

西方国家老龄化地理研究不同阶段的中心议题，主要集中于关注人口老龄化空间分布和老年人口迁移、老年健康与生活环境、老年服务供给和政策评估、老年人日常经验和其社会贡献 4 个方面研究内容。下面将从这 4 个方面对西方国家老龄化地理研究进展进行评述。

1.2.1 人口老龄化空间分布和老年人口迁移

人口老龄化的空间方面议题一直是人文地理学者和社会老年学者等对老龄化地理的研究焦点，包括人口老龄化和老年人口空间分布、城市人口老龄化地区成因和老年人口迁移等核心内容。

1. 人口老龄化和老年人口空间分布

老龄化地理研究者持续探讨老年人口空间分布的研究成果颇为丰富，大量研究从全球和国家区域、城市内部等不同尺度对老年人口的空间集中和分布进行实证描述分析。

老龄化空间格局作为地方、国家和全球人口特征扩散的例证，被广泛应用于各种经济、环境、财政、卫生和社会问题的研究。典型的如联合国每几年出版一次的《世界人口老龄化》系列报告，提供了对全球人口老龄化趋势和老龄化的社会-经济和健康特征的描述[17]；Kinsella 等在《全球老龄化：成功的挑战》一文中分析了人口老龄化的全局和局部因素和众多的社会、经济和政策影响的基础[18]；Mccracken 等学者通过分析世界老年人口数量分布变化，运用汇集人口、流行病学和老龄化转变的模型描绘全球人口老龄化发展演变的地理-历史进程[19]。亚太地区集中了全球一半以上的老年人口，引起了官方机构和学者对这些区域老龄化空间分布、人口老龄化与健康、家庭与社会服务等方面的重点关注[20, 21]。老龄化空间研究通常还包括对隐含老龄化负面含义的死亡率和发病率（例如癌症和心脏疾病）绘制地理范围图[22]，对突出人口和地方空间环境更具有脆弱性而不是恢复能力特征的分析[23]，纵向研究和建模方法的发展促进对人口老龄化研究中多尺度分析因素的认识[24]，基于地理信息系统（GIS）和空间数据的多层次模型绘制人口趋势地图[25]等方面。

学界关于老年人口空间分布的研究成果颇为丰富，从国家和区域层面展开实证描述老年人口空间集中和分布的分析较多。学者对欧美国家层面的研究发现，老年人口分布普遍存在较大差异，如早期对美国巴尔的摩、费城和匹兹堡三大城市的研究发现，老年人口较多的城市老年人空间分布呈分散趋势，反之则呈集中趋势[26]。有研究表明，1990 年在美国加利福尼亚州、佛罗里达州和东北部的州等 9 个州集中分布了全国 52.2%的老年人口[27]，20 世纪 90 年代南部和西部的州及其中的小型和中等都市区及郊区吸引了较多老年人[28]，对俄罗斯和整个加拿大城市系统老年人口空间集聚模式和趋势的审视[29, 30]也说明老年人口主要集中分布于都市区、特定区域（如州、城市之间）等。在城市层面，对美国俄亥俄州托莱多市的研究显示，内城老龄人口密度较高而郊区和新建城区较低[31]；美国城市老年人口明显集中分布于都会区的核心区，从而可能形成典型的“退休中心”（retirement centers）[32]；Golant 认为，老年人大多青睐大都市区，其中一半的人首选居住之地是中心城区[33]；澳大利亚阿德莱德城市地区人口空间分布研究结论[34]说明，老年人大多集中分布于都会区的中心地带和偏远的乡村区域，城市中心城区人口老龄化程度保持较高水平而郊区老龄化程度逐渐上升。

2. 城市人口老龄化地区成因

对于城市内部老年人口多为集中分布于旧城和城郊而形成老龄化地区的研究结论，学者们进一步探索其成因，分析涉及了各种社会经济因素，如城市扩张引起的年轻人口和老年人口不同外迁率、城市核心区不同社会阶层的死亡率、不同的城市化阶段等对城市老龄化地区形成区域的影响[24]，但考虑政治和文化因素对人口老龄化影响的研究较少，如公共政策是如何对人口老龄化空间不均衡起普遍影响作用的[35]。Golant 指出，复杂的老年人口空间分布模式说明，不同城市老年人集聚区的形成原因各有其不同，甚至在同一城市的不同发展阶段也都具有不尽相同的老年人口分布模式[36]。例如，研究澳大利亚快速发展的新兴城市的人口分布后发现，老年人口在住房建设年代越久远的地区数量越多，这是由于城市居住区向郊区扩张带来大量年轻人口从老城搬出，老年人留居老城中心而导致的[37]。在美国的研究则发现，20 世纪 60 至 70 年代，美国老年人口增长较快地区为非都市区，但 70 至 80 年代末出现了老年人口逆向迁移，从非都市区或乡村转向城市地区，而 90 年代以后老年人口又转向郊区化迁移趋势。由此说明，老年人口分布状况随时因不同的城市化阶段影响而出现即时的变动，城市老年人集聚区也随之发生变化。

有学者进一步探讨老龄化地区的形成原因，提出其研究核心是要了解某个老龄化地区的发展过程是老年和非老年人口迁移还是当地人口自然老化（aging in place）的结果。Bean 等指出，相比于各地区不同出生率、死亡率的影响，不同地区人口迁移率是对老年人口集聚差异影响更重要的原因[27]；也有学者的分析表明，本地新老年人的产生和从外迁移来的人口都对区域老年人口集聚程度产生重要的影响[38]。对此，比较具有说服力和影响力的解释是美国学者 McCarthy 的“老年人口空间集聚学说”，他在对美国 20 世纪 50 至 70 年代老年人口空间分布格局变化的研究中，通过分析人口的动态迁移归纳出 3 种老龄化地区类型：①美国在 20 世纪 50 年代经历了城市化快速发展下非老年人迁出和老年人残留的非都市区老龄化的“残留集聚（accumulation）”过程；②20 世纪 60 年代经历了郊区化趋势下退休老年人迁入郊区和非老年人向大都市迁移的郊区老龄化“替代集聚（recomposition）”过程；③20 世纪 70 年代经历了老年人和非老年人同时迁入但老年人迁入比例相对较高的郊区老龄化“汇合集聚（congregation）”过程。可见，各地区老龄化的过程和结果会因其不同年龄人口的迁移率而完全不同[39]。

3. 老年人口迁移

老年人的空间分布和集聚的主要动力之一是老年人的迁移，因此，专注于老龄化的空间模式也刺激了地理学者感兴趣于老龄化和移民研究之间持久的关系[40]，20 世纪 70 至 80 年代，欧美国家对此进行的大量实证研究从国家、区域和城市内部等不同的空间尺度展开。

对一国范围内老年人口迁移的研究多为利用普查数据，探讨退休老年人在生命历程周期改变如退休、丧偶、再婚、重病伤残等发生时在不同地域间的迁移行为。如对美国的研究显示，20 世纪 60 年代老年人口移动的数量和比例增加，多数是由北部各州迁向南部和西部的佛罗里达州、加利福尼亚州等阳光地带（the Sunbelt）[41]，而 80 年代中后期，西部老年人迁入数量逐渐减少直至变为净迁出区域，原来为净迁出的东北部和中西部老年人迁出数量出现下降趋势[42]。在这些老年移民中，年轻时因为工作离开故乡而退休后选择回乡养老的迁移称为回归迁移，同样较多的回归迁移是趋向阳光地带或者退休者地带[43]；也有部分老年人因身体机能下降或失偶而回迁，还可能因为更进一步的老年衰弱而再次向养老机构迁移，这样一个迁移周期体现了老年人生命晚期不同阶段的迁移模式[44]。同时国家尺度的研究出现了少量的关于老年人季节性迁移和跨国迁移的文献，学者们通过问卷调查获取数据后分析认为，季节性迁移的经常发生可能预示着老年人会发生居住地的迁移[45]，如果老年人经常进行季节性迁移且滞留迁移目的地时间较长，超过在原居住地的居留时间时，其真正的常住地就有必要重新定义[46]。

基于都市区与非都市区和城市内部空间尺度的老年人口迁移的研究显示，这一尺度的迁移是老年人口迁移的重要部分。如美国 20 世纪 70 年代老年人与其他年龄人群一样从农村到大都市的迁移，此后又从同一个都市区内部大规模稳定地迁出到非都市区的迁移[47]；同时迁入都市区，尤其是中心市区的老年人数量逐渐减少，都市区成为老年人外向净迁出的区域[48]，整体呈现老年人口从都市区向非都市区扩散迁移的趋势。同样的，对美国城市内部的老年人迁移研究发现，老年人从城市中心 CBD 到郊区的离心迁移大于从郊区到 CBD 的向心迁移[49]。

老年人迁移动因的研究主要关注于老年个人属性特征、家庭特征和迁入地特征 3 个影响因素方面。Walters 探讨美国退休老年人群迁移影响因素并划分 3 种迁移类型的研究：第一类老年迁移者具备较好的经济、身体状况，为了追求更高品质的生活而迁往具有宜人气候和居住环境舒适的地区，属于享乐型移民（amenity migrants）；第二类老年迁移者往往是失偶的、经济和身体条件较差者，由于经济和居住的依赖性通常往生活成本较低的地区迁移或是寻求成年子女照顾而选择和孩子居住，属于救助型移民（assistance migrants）；第三类老年迁移者通常是不与配偶同住的严重伤病者（severely disabled migrants not living with a spouse），因为缺乏生活自理能力需要专业的陪护和护理，因此会迁向医疗设施较好的地区[50]。由此可见，不同的老年人因健康、经济、家庭特征和社会环境特征导致老年人发生迁移行为的原因不同。

1.2.2 老年健康与生活环境

1. 老年人健康与照护

地理学者从人文主义、女性主义及其他理论视角持续而深入关注老龄化领域的研究聚焦于医疗、保健、照护和空间的关系上[51]。早期的老年人口健康地理学主要集中于在较小的单位区域对老年人口的健康状况进行调查分析并集合成如社会健康图集的文献[52]，或是绘制具有老龄化负面含义如死亡率和发病率（例如癌症和心脏疾病）、疾病和死亡率之间关系的范围图[22]，以及大量关于老人护理的研究文献，如关注于发展良好的社区护理实践模式和在这些模型后面的理论框架、正式和非正式护理之间的关系和随之而来的政策影响、增长的社区护理对家庭的影响等主题的研究。

20 世纪 90 年代以来，地理学者一直致力于关注健康地理的演变和扩展合作，专注于把地方（place）当作一个健康老龄化决定因素的研究任务，即空间和地方影响老年人口幸福感的途径[53]。大量的研究工作基于地理老年学家 Rowles、Harper 等的前期研究成果，从局部或微观尺度分析老年人和地方之间的关系入手，揭示在此语境下照护和支持所起的作用，研究内容涉及理解老年人与家及周边环境契合的状况及体验，这些空间情景的社会、情感和物理特征，以及这些空间、距离如何影响老年人的生活质量和身心健康及由家庭提供给老年人的照护[51]，由此理解日常生活中地方（特别是家）是如何和为什么对老年人口照护和支持起重要作用的[54]。

2. 老年人生活环境

地理学家持续关注人类经验中环境的重要性，研究了老年人生活和护理的地点、空间和时间的重要性并形成了关于地点是不确定的、复杂的和有争议的重要观点[55]。随后对环境和设施的深入关注，使地理学家进一步理解了社区、城镇、城市及特定的建筑环境，如家庭方面[56]、居住护理环境和医院[57]等支持或挑战老龄弱势群体[58]的方式。生活在农村环境中的老年人面对的挑战继续吸引少数地理学者的特别关注[59]。

地理学者从社会老年学角度长期关注老龄化和空间、地点之间联系及扩展[60]研究的一个重要方向是老年人的居住环境，包括老年人住房及其对住宅设施设计的影响、老龄社会空间隔离等，这些研究为应对以现行政策和规划为导向的“健康老龄化”和“老年友好型社区”主题做出了贡献[61]。学者们关于老年人住房的研究受益于社会结构分析的变换，晚年住房选择形式不断地受到结构约束，老年人面临的多种住房选择依赖于他们的时间、空间和社会地位[62]，老年人早年生活的经济地位和社会不平等持久影响其晚年住房机会的分化，且通过政府住房政策被进一步限制，从而也影响老龄化社区空间格局的形成[63]。在老年人住房和生活环境影响的研究方面，对某些特定环境如住宅[64]、封闭的退休社区[65]的研究可以揭示老年人和他们生活其中变化的社会和物理环境之间的关系。

对老龄社会空间隔离的研究出现了批判性地评估社会和空间结构之间的关系的倾向，揭示关于种族、性别和阶层的空间绑定定义[66]，探索老年人的空间和社会分工，更重要的是理解年龄的社会和空间隔离背后的现实[67]，Laws 的研究通过追踪年龄关系的城市历史来反映代际关系与城市建设环境之间的相互影响关系[68]，Rogerson 比较了美国 15 个最大城市地区老年人族裔隔离的程度，其中 GIS 空间技术的运用可以更好地分析老年人群体的社会隔离状况[69]。

1.2.3 老年服务供给和政策评估

由于老龄化社会的需求，西方国家政府投入了大量资金用于老年服务设施和老年社区建设以改善老年人的生活环境，老年人更多地在公共养老机构接受照护服务。但随着越来越增多的老年人养老保障和服务需求，20 世纪 80 年代许多国家遭遇了“福利危机”，政府为了减轻沉重的养老负担，实施了以私营化占相当重要地位的各项社会福利改革方案，与官方和民间达成的将家庭及社区当作最佳养老地点的共识——“就地养老”相关的照护政策得以推行，如美国的“基于家庭和社区的服务”和欧盟的“长期照护制度”方案等。对此，许多西方地理学者对老年服务供给模式和政府福利政策实施的效果进行分析后一致认为，社会经济、政治和制度的变化造成了卫生服务重组，导致了服务设施区位变迁，从而影响了老年人获取、使用卫生保健服务的方式[70, 71]。

有学者对加拿大安大略省的长期护理服务进行研究，提出了服务接受者和提供者看待长期护理服务改革的观点，研究显示在特殊的政治结构和制度框架背景下，政策改革后服务供给模式的多样性和不确定性对老年人使用服务和服务提供者产生更大的潜在的脆弱性[72]。长期护理服务改革的影响也波及更广泛的空间：Joseph 和 Chalmers 在新西兰的研究揭示，长期护理提供的私营部门转向已经导致在农村地区相对于城市地区较少的服务，尽管越来越多的老年人住在农村社区[73]；Fortney 等对美国社区服务方案的研究表明，农村老人因为居于地理可达性较差的地方，因此很少获得家庭/精神健康服务，他们可能面临在医院或养老院接受照护的困境[74]。针对越来越多的老年人生活在社区服务缺乏的农村地区的状况，很多学者强调需要为此考虑解决的策略。所有这些地理学者探讨的焦点是，要想保证服务供给分配的相对公平，应如何规划布局服务设施的区位和寻找适宜的服务提供方式。

1.2.4　老年人日常经验和其社会贡献

欧美的地理学者认为，老龄化地理研究不可或缺的人文主义传统提供了许多了解老龄化和老年人与空间、地方关系的新视角，从人的层面尤其是老年人的日常生活体验出发，研究一定环境条件下其对空间和地方在身份、意义、满意度和依恋感方面的体验质量，有助于深入理解地方与老年人的生活和经验之间塑造和被塑造并且不断交织发展的多层次、动态的过程，从而完整地理解老龄化的演化过程及其社会效应。这方面研究的独特视角是关于地方（场所）的研究，以美国地理学家 Rowles 在 1978 年描述社区变化中老年人的地理体验[60]为始，持续在微观尺度上关注老年人对各种地方（如家庭、社区、村庄、城镇、养老院等）的主观体验，多运用传记、口述历史、民族志、回忆录等参与性、质性研究方法探索老年人的家及其周边生活环境对其地方依赖、身份认同及身心照护等的影响[75]。

对老年人经验和贡献的研究较大部分是关于一般老年人过去和现在的日常生活和环境的体验。Rowles 持续对阿巴拉契亚农村老年人日常生活世界进行探索，使用充满地方和在农村环境生活感觉的定义和概念评论老龄化和地方[76]。Rollinson 在他详细研究芝加哥入住单人间酒店的老年人日常经验时，继续采用描述丰富的民族志传统，揭示居民每日生存斗争的细节，并发现他们的“街道的危险故事”，这加剧了穷人、老的城市居民的地理和社会隔离[77]。Harper 利用符号相互作用理论和民族志材料来探索老年人与他们生活周边环境的关系及他们与亲属发展的相互关系[78]。Elder 的研究明确指出，老年个人生活中历史（时间）和地理（地方）的重要作用，给予了地理学者以生命历程线索重要性的启迪[79]。近来对于理解老年人世界的更多主题是与家的意义相结合的研究。随着老年人能力下降和居家时间增加，老年家庭逐渐变成保健和社会照护的一个站点，家居空间日益呈现复杂性质[80]。地理学家主要研究家居空间影响老年人生活和经历的复杂方式，以及就地方、身份、意义和依恋感方面的体验质量[56]。此外，家居空间被看作这样一个地点，一方面它使人产生舒适性、私密性和安全感，另一方面是为突然恐惧和失落提供一个逃脱的场所[81]。

对老年人经验和贡献的研究中一个较少数量的类型是集中在老年时有影响力的“精英”式历史人物的传记研究。Cameron 等对生态学的先驱者阿瑟·坦斯利（Arthur Tansley）（1871—1955）的研究是闻名于世的。他们探讨了坦斯利领先于不同领域的知识思想，包括弗洛伊德的分析理论、生态系统、自然保护和实地研究等，其晚年的工作是如何富有成效的[82]。近期对尤维达尔·普莱斯（Uvedale Price）（1747—1829）——一个英国风景画家的研究通过考察其生活史、深度评论年老和疾病对他的影响，他自己对于老龄化的看法和他如何能够保持体力和智力活动，以及人们如何看待他增长的年龄的[83]。在文学理论的启发性来自 Said 关于“晚期风格”的工作，他认为伟大的艺术家和作曲家晚年创造的音乐并不总是与他们的生活和事业相协调，而以平静和鼓舞人心的方式结束，相反，它可能是深刻断裂和充满矛盾的，并且可以演奏得比以往更辉煌和富有影响力[84]。

1.3 国内老龄化地理研究进展

国内地理学者对老龄化地理领域的研究在 20 世纪 90 年代才兴起。早期的研究因为受限于数据和技术，主要集中于人口老龄化的空间分布、区域差异等问题；近年来由于社会发展问题的实际需要，逐渐扩展至老年人空间行为和城市规划的公共设施设计应对等问题，但老龄化地理学的研究仍然属于薄弱领域，研究成果在实践中发挥的作用有限。

1.3.1 老龄化区域差异及影响因素

1. 老龄化区域差异

国内地理学者对老龄化地理领域的研究主要集中于老龄化区域差异的相关研

究，总的方法是针对各地区人口年龄结构因老龄化程度不同而形成的差异，采用统计分析的方法对不同区域的老龄化差异进行分析并划分类型区，并提出差异化的政策建议。最近有研究结果表明，中国人口老龄化的时空特征以区域性、动态性最显著。不同空间尺度上老龄化进程和程度的差异性即为区域性特征的主要表现，主要包括两个方面：因社会经济发展条件不同，经济区或省区之间的人口老龄化演化阶段、特征与趋势方面存在差异；基于城乡人口迁移等原因，区域内部老龄人口城乡倒置和城市区内部的老龄人口分布差异[85]。

对老龄化区域差异的相关研究从国家、区域、城市三种尺度展开。对全国各省和区域之间人口老龄化程度和发展趋势与影响因素进行宏观分析的结果发现，中国城乡之间、东中西部之间老龄化空间分布存在显著差异并呈现持续扩大趋势[86-89]。综合利用统计和田野调查数据对城市内部的乡镇、街道进行比较，研究省域内城乡人口迁移和老年人口的滞留等而导致人口老龄化的区域差异及成因问题，识别老龄化的差异化格局等[90-92]。

对城市内部的老龄人口分布差异及形成机制等进行实证研究。其中，继有关学者运用空间自相关和模糊聚类方法分析，广州市[93]、北京市[94]等老龄化空间均呈现类似圈层分布规律后，逐渐出现探讨单个或几个大城市老龄化空间分异和老年人口空间分布模式的实证研究，如运用 GIS 技术研究北京、上海、广州、武汉老年人的空间分布特征表现为“圈层式”“圈层组团式”“圈层轴线扩张式”“混合式”的分布模式和发展趋势，分析城市老年人口社会空间分异加剧形成的老年人口居住空间分异对城市空间发展产生影响，城市中心城区总体呈现的老年人口集中化趋势和外围局部“离心化”扩散是由于中心城区与原单位社区的就地老化和旧城改造与新开发区的居住迁移造成体制内外不同老年群体空间集聚的结果，由此导致的不同地域老年人口养老服务需求与供给主体存在的差异需要城市规划制定相应的养老设施供给公共政策[95, 96]。

在空间上，老年人口分布呈现非均衡动态演化的过程；在时间上，人口年龄结构经历由年轻型向老年型转变的过程，此即为老龄化的时空双过程统一。早期的研究因为受限于数据和技术，主要集中于人口老龄化的空间分布、区域差异等相对稳定的区域性空间格局。近年来的数据来源不断增加和时空分析技术的发展大大推动了对人口老龄化时空变化规律的探索。在时空并行的研究思路指引下，空间计量方法被用于探索老龄化空间分布变化的动态分析。不少研究结果显示，区域的老龄化空间变化一般呈现出中心集聚和向外推移的趋势[97]。如有研究分析农村人口老龄化的分异特征，结果显示中国农村老年人口主要集聚在东部、南部，同时趋向于向中部扩散[98]；有学者研究发现，北京老年人口在中心城区有较强的集聚趋势，在远郊区的变化趋势则是逐渐向外扩散[99]。对于不同尺度、不同区位地域的老龄化演变模式，有学者采用方差分解法对我国人口老龄化水平在东、中、西部及省际间的差异进行了定量分析，结果表明整体上中国人口老龄化省际差异在逐步扩大，同时存在个别东部省份差异缩小的现象[100]；最近有研究发现，随着中国人口老龄化程度不断加深，老龄化的区域差异在进一步扩大[101]。

2. 老龄化区域差异的驱动因素

中国人口老龄化空间差异的影响因素不仅包括人口、经济、社会、文化等，社会政策因素的影响也非常大。因此不少学者运用因子分析法研究老龄化区域差异的形成机制，如有研究认为，经济发展、文化教育和人口自身 3 个方面是影响中国农村人口老龄化空间格局变化的主要因子[98]。有少部分学者使用计量方法进行研究，如使用空间自相关模型就老龄化地区差异影响因素进行实证分析[102]；利用空间计量经济学理论方法和空间误差模型就老龄化惯性、人口增长、区域溢出等因素实证研究了老龄化地区差异的影响方向和大小[103]。有学者研究发现，区域人口老龄化存在两极分化，其直接原因是经济差异，而另一个具有重要引导作用的因素是社会保障差异[104]。直至现在，学者们取得比较一致的观点是：人口老龄化的内因是人口的自然增长，这是老年人口总量增加的原因；而人口老龄化的外因是社会、经济、制度等因素，这些因素是人口老龄化区域差异的间接影响因素。在人口迁移这一外因中，非老年人的迁移是影响人口老龄化的空间差异的重要因素。

1.3.2 老年人的日常活动和行为

国内学者采用地理学方法研究城市老年休闲活动空间的文献逐渐增多。其中，以北京大学柴彦威教授为主的行为地理学研究组着重于探索城市人口老龄化的时间和行为地理学方向，在城市老龄化问题的研究中融入时间地理学方法，从行为地理学视角出发对北京、上海等特大城市的老年居民活动时间分布、活动方式及时空间结构进行了系统的实证分析，探讨老年人的决策与其活动空间场所的主要空间模式；基于时空间尺度和出行链探讨老年人三类主要日常生活行为：购物、就医和休闲的行为特征和影响形成机制；同时运用经验和质性分析等方法，以中国城市老年人日常消费行为状况的问卷调查为基础，对城市老年人的日常活动和迁居行为的认知和时空轨迹两方面及社会组织、基础设施配置等对老年人活动的影响开展研究，基于微观维度调查探寻城市老年居民日常行为的时空特征和城市内部结构与老龄居民活动互动的一般规律，确定老年群体的日常活动半径，进而为城市规划老年服务设施配置提供合理建议[105-112]。这些从微观角度关注老年人的活动需求的研究方法在对老年人活动和行为的研究中结合了生命历程理论与时间和行为地理学的方法，具有一定的理论创新性，同时体现了以人为本的原则，以利于在规划上更好地组织和引导居民的休闲活动。

另外开展的老年人休闲行为研究如对北京市区 50 个退休老人四季休闲行为的跟踪调查，揭示大城市老年人口日常生活行为、休闲活动的基本特征及其时空分异规律，为大城市规划中的休闲空间的组织与布局提供了科学依据[113]。另外，有研究为了规划设计老年人的公共活动设施，分析了针对他们的出行活动规律，定性研究了时令性、地域性特征和心理互感意识对老年人活动的影响，发现在老年人的生命历程中，影响其行为活动特征的因素包括了生理心理条件、文化层次和生活习惯等个人状况因素和经济收入、社会地位、居住环境设施等社会因素[114]。

1.3.3 城市规划的老龄化应对

城市规划领域对老龄化的关注由 20 世纪 90 年代后期开始，学者提出研究老年型城市社区规划以应对老龄化的迫切性[115]后，从此开启了领域内对老龄化社会相关的老年社区规划建设、养老设施规划及规划编制技术指标体系等方面的研究。

1. 老年社区规划建设

首先，是对国外成功的老年居住区案例研究借鉴其经验模式：①对日本、新加坡等传统文化与我国相近的亚洲国家的研究发现，日本在发展老年住区过程中采取独特的在宅养老福利对策和设施养老福利对策支持老年人的住房保障[116]；日本老年住区的规划注重老年人日常生活空间、装置、设备的安全性，并尽量为老年人提供各种邻里交往沟通的空间环境[117]；为减少现代生活方式和家庭观念对家庭养老环境的冲击和增强家庭养老功能，日本老年公寓逐步由混住型向能够适应人的生命历程各阶段变化的“通用住宅”发展[118]。②欧美发达国家的老年社区以美国的最具代表性，其集中型和综合型的老年社区按老年人的需求规划成不同功能的分社区，考虑了种种影响因素的老年社区环境足以满足老年人特殊的生理、心理需求[119]；国内不少城市借鉴此种集中型老年社区模式，较成功的实践案例之一是北京太阳城国际老年公寓[120]。

其次，在对家庭养老、机构养老、社区照顾和居家养老等养老模式进行讨论的基础上，规划学者提出老年人居住方式主要有（与子女后辈）同住型、邻居型、分开型等[121]，大多数学者认为未来趋势是以家庭养老的同住型、邻居型居住方式为主，以社会养老的分开型居住方式为辅[122]。但也有不同观点认为，即便目前我国老年人居住方式多为两代合居的同住型，但未来会向混合型的居住方式发展，并且终将转向老年社区、老年公寓等分开型居住方式[123]。

对于老年社区规划，针对未来老年人数量增加导致老年住房供应不足的问题，学者们提出在规划建设普通居住区和改造旧区时应考虑老年人生理、心理的需要，对原住区进行功能结构改造、更新[124]，规划设计经济适用房时也多考虑适应老年人需求的无障碍设施、套型模式及交往空间等[125]，可在规划建设城市居住区时融贯部分老年住宅于建筑体系中，同时重点规划设计好“终生可利用型”城市住宅[126]。对于独立型的老年社区，研究认为老年人不断增加的需求证明其规划建设的必要性[127, 128]，应引入市场形成机制综合开发以利于其产业化发展[129]。有学者认为，在具有优良自然环境的城乡接合部规划建设的独立老年社区会更符合老年人的特点和要求[130]，但对此有人提出异议，这样与城市社会隔离的独立老年社区是不利于老年人身心健康的[131]，混合老年社区的模式才应是城市老年住宅的发展方向[132]。

此外，居住空间环境和城市休闲空间也是急需研究的重点。对北京、西安各类老年人户外休闲场所调查发现，老年人对户外休闲场所的需求依次是：地理区位近、良好的环境条件、有充足的设施等[133, 134]。老年社区应按老年人需求规划建设良好的户外活动空间环境，创造更好的休闲娱乐、邻里交往空间，促进老年人与年轻人的相互交往，避免其形成心理的社会隔离感[135, 136]。因此，老年人户外休闲活动场所应规划良好的交通、具安全性和易识别性和设施配套完善等。

2. 养老设施规划

对此概念界定和分类上有不同的说法[137, 138]，因此应尽快统一规范养老设施名称和分类并随需求变化作相应的调整。从整个城市角度规划配置多层次、多样化的养老服务设施[123]，基于城乡地域差异对城市和乡村养老设施规划作内容指标和规划结构上的调整[137]。有研究发现上海市区和郊区，农村养老设施发展结构不平衡，应因地制宜在市区设置居住区内的养老设施，在郊区或农村设置能同时服务市区和郊区老年人的老年设施[139]。研究强调社区规划配置养老设施要以实现家庭养老和助老、照料服务功能为核心[135]，加强医疗护理和生活服务等硬件建设，注意避免设施盈利性倾向侵占公众使用权[140, 141]。

3. 机构编制技术指标体系

在介绍美国针对老年人出行特点制定的相关规划措施基础上，我国学者提出国内应加强公共交通和老年人无障碍步行等城市慢速交通网络系统的建议[142-145]。关于适宜老年人的公共绿地的相关研究，从早期重视老人活动区的布置[146]转为以休闲绿地为研究重点[147]，近期研究热点为老年人休闲设计原则和休闲行为特征及绿地使用影响因素等[148]；另有研究建议利用绿地景观的弥补性功能设计建造弥补性园林和治疗性园林，在常规设计上调整相关要素以体现景观的养老功能[149, 150]。另外还有许多学者对规划编制技术指标等进行研究，多数认为应对城市规划体系的技术规范、指标作出适应老龄化需要的调整和修订。

因为人口老龄化问题最早出现在欧美等发达国家，其老龄化相关研究开展远比中国早，并且已经较为系统化；研究视角涉及人口学、社会学、心理学、医学、政治学、经济学等学科与老年学交叉的诸多维度层面，主要研究内容侧重于政策、养老服务、社会福利等与老龄化框架紧密关联的分析。在人文主义社会思潮下的老龄化地理研究以提高老龄化社会的生活质量为目标，围绕“在老年人、健康和地点之间新的社会和空间关系”的核心科学问题，分别从区域空间的视角、社会—经济—文化视角和与其他学科包括老年社会学、城市社会地理学、时间地理学、人口地理学等融合的交叉视角，对老龄化的空间分布特征和格局演化、个体行为空间及环境、老年健康与生活环境、老年服务和规划政策等方面展开研究，成果较为丰富且日趋理论化和体系化。近期的研究越来越趋向于微观研究老年人生活环境和空间行为，从人的层面研究空间、场所和老龄化的关系，由之前宏观层面研究探讨老龄化社会演化的自然规律转向对老龄化的演化过程及其社会心理和文化方面的意义进行理解和诠释。在研究方法上由于受人文主义转向的影响，更多研究逐步由初期的定量、数理统计分析方法转向具有创新性的、参与性的方法，质性分析和个性化案例研究越来越受重视。在研究尺度上，基于空间角度的宏观和微观层面的研究并重，并且开始进行不同空间尺度的内在关联形成机制的探索；时间维度上从静态分析扩展到基于连续尺度和生命周期的动态追踪和模拟。

国内的老龄化相关研究多以人口学、社会老年学、经济学等非空间科学领域的研究力量为主力，多注重人口老龄化现象及其社会影响和应对政策、社会保障制度和养老模式的研究，分析视角较为宏观。在研究范围上与国外研究相比，国内老龄化研究的范围、程度等衡量指标存在不少差距。近年来尤其是进入 21 世纪后老龄化现象的迅速蔓延，使老龄化和老年人问题得到了国家、社会和学者的更多关注，促进了老龄化相关研究的深入和发展，使老龄化研究领域向更多学科交叉融合、宏观和微观视角并重及定性定量方法相结合等。

中国地理学界对老龄化的研究起步较晚，自 20 世纪 90 年代以来研究成果逐步积累丰富，目前已有的研究从宏观层面的全国和省域的地区老龄化差异，到微观尺度的老年人空间行为研究都有涉及，规划学界对老年人的居住环境及应对老龄化社会的物质空间规划措施等内容也展开了探讨，研究体系初步形成，但与西方国家老年地理学的研究成果对比，国内地理学对老龄化的研究在理论、方法和一些重要研究议题方面还较为薄弱，仍缺乏完整的理论体系，研究成果相对集中于人口老龄化的区域差异问题，对于老年人口空间分布的研究忽略了老年群体所依托的社会空间与特征。由于国内研究受限于老年人口的数据不够完善，针对中微观层面城市老龄化和老年人口空间分布的实证研究仍然不足，已有部分研究关注老龄化空间分布特征从内容和方法上都还处于较为基础的状态描述和计量统计分析阶段[151]，缺乏对城市老龄化空间分异及驱动机制的深层次探讨。在当前我国经济转轨和社会变迁背景下城市社会空间出现明显分异的过程中，老年人口社会空间特征影响其居住、迁移行为，从而影响城市不同区域的人口老龄化空间差异，因此结合城市老年人口社会空间结构分析能更好地从本质上诠释城市老龄化地域空间过程及驱动机制。

经济社会转型时期，城市空间发展不断发生变化，针对我国城市老龄化空间发展不均衡、老年人群养老需求与服务设施空间配置不匹配等问题，有必要基于地理学的空间视角了解城市老龄化空间结构特征及空间格局变化，深入剖析老龄化空间结构及其演变机制，为合理制定规划策略应对老龄化空间问题奠定基础。

1.4 研究数据来源和研究区域

本书的数据主要来源于以下两部分。

1.4.1 统计数据

本书中使用的统计数据主要来源于官方公布的统计数据，包括1982年、1990年、2000年和2010年的第三、四、五、六次全国人口普查资料及广州历年统计年鉴等。主要选用了广州市第五、六次人口普查数据中有关人口户籍状况、家庭状况、职业、受教育程度、住房和迁移及老年人口等数据，广州统计年鉴里的历年人口数据和地区生产总值等统计数据。

1.4.2 问卷调查和访谈资料数据

本书的问卷调查数据填补了人口普查数据中微观的经济社会属性数据的缺失，为微观层面的老龄化社区、老年人口社会经济特征差异分析提供数据支撑。问卷内容主要包括：老年人口及家庭基本情况、住房和迁移情况、社区环境和社区关系四大部分。其中的基本情况主要包括年龄、受教育程度、工作单位、主要生活来源和收入等方面；住房情况主要涉及居住时间、共同居住人、房屋性质、居住原因和子女居住迁移情况等方面。从居住原因分析可以反映不同年龄组和不同阶层群体聚居或迁移的原因。社区环境主要用来考察老年人口对居住环境的满意度。社区关系主要是用来考察不同年龄群体住区邻里间的关系状况，其会影响老龄化地域的形成。

访谈主要是在获得问卷信息的基础上采取半开放型进行，主要是围绕不同年龄群体的居住变迁针对问卷信息中可能存在的重要疑问内容展开追问，并随时根据交流访谈情况适时调整内容和进程，结束后将内容记录整理形成个案分析的基础数据。

2000—2010 年，广州市行政区划调整变化较大的是 2005 年，将原东山区的行政区域及其他几个街道和居委会合并至越秀区，原芳村区行政区域划归荔湾区管辖，增设南沙区、萝岗区并调整了其他部分街道（镇），调整后广州市管辖范围仍为 10 区 2 市，但市辖区范围名称有所改变。为了突出表现城市内部差异，本书以狭义的广州市即 2005 年行政区划调整后的广州市辖荔湾区、越秀区、海珠区、天河区、白云区、黄埔区、番禺区、花都区、萝岗区①、南沙区 10 区为研究范围，而不采用有可能存在较大区县差异的广州市行政区下辖的原 10 区 2 市为研究范围，故本书中所用“广州市”这一概念除非特别说明，均指广州市区范围的 10 个区，总面积 3 843 km^2。2010 年广州市区包括 148 个街镇。

为了准确、清晰地描述城市内部空间差异，本书参考学者和广州市规划部门对广州市圈层的划分，根据广州城市历史发展和区位关系，将广州市地域结构划分为 4 个圈层：老城区、中心城区、近郊区和远郊区。其中老城区主要包括越秀区（11 个街道）、荔湾区（9 个街道）大部分和海珠区（3 个街道）西部、北部人口密度很高的部分地域范围。该区域是广州市区中由于发展历史较久远、建筑物年代较久和人口密集带来城市问题较严重的地区。中心城区范围包括老城区在内和邻近老城区的越秀（22 个街道）、荔湾（22 个街道）、天河（21 个街道）、海珠（18 个街道）和白云区南部（北二环高速公路和流溪河以南）（14 个街道）区域共 97 个街道；近郊区主要包括番禺区（19 个街镇）、萝岗区（6 个街镇）、黄埔区（9 个街镇）和白云区 4 个镇等紧邻中心城区的外围区域，共 38 个街镇；远郊区主要包括南沙区和花都区共 13 个街镇。

① 2014 年萝岗区撤销，现为黄埔区。

第 2 章　广州市人口老龄化及其空间分布变化特征和趋势

2.1　广州市人口老龄化演变特征

2.1.1　户籍人口的老龄化程度严重，老龄化进程早于全国 7 年

根据广州市老龄工作委员会（以下简称广州市老龄委）的资料（表 2-1），在广州市户籍人口中，老年人口比例在 1992 年就达到了 10%，广州市进入了老龄化社会，比全国进入老龄化社会的 1999 年要提早 7 年。在广州市的户籍人口中，60 岁及以上老年人占总人口的比例逐渐提高，由 1990 年的 9.73%变化到 2010 年的 14.48%，每年平均增长率超过 4%，广州市户籍人口的老龄化程度是比较严重的。

从各区（市）户籍人口的老龄化进程来看，总体趋势也是老龄化程度逐渐加深。1990 年，进入老龄化社会的有当时的 4 个区：海珠、荔湾、越秀和东山；到 1995 年，增加了白云、芳村、花都和增城 4 个区（市）；2000 年，除了黄埔和天河两个区，其余区（市）均已进入老龄化社会；2004 年，所有区（市）进入老龄化社会；2010 年各区（市）老龄化程度进一步加深，尤其越秀和荔湾区的老龄化程度已超过 20%，成为较严重的中度老龄化社会。

表 2-1　代表年份广州市各区（市）户籍人口老年人口比例　（单位：%）

区域	户籍人口老年人口比例				
	1990 年	1995 年	2000 年	2004 年	2010 年
白云区	8.35	10.4	10.74	11.77	12.66
海珠区	10.11	12.47	14.93	15.82	17.37
黄埔区	6.44	9.81	9.97	11.32	13.53
荔湾区	13.94	16.89	17.97	18.14	21.78
芳村区	9.93	14.17	14.43	15.34	—
天河区	6.06	8.02	9.69	10.77	11.42
越秀区	13.97	16.42	17.7	18.23	22.61
东山区	11.17	13.85	15.16	15.3	—
番禺区	8.98	9.66	10.58	10.58	11.52

续表

区域	户籍人口老年人口比例				
	1990 年	1995 年	2000 年	2004 年	2010 年
花都区	8.93	10.61	10.33	10.84	12.18
增城市	8.83	11.22	10.57	10.45	11.85
从化市	8.95	9.72	10.73	10.36	10.90
全市平均	9.73	12.1	12.48	12.86	14.48

数据来源：根据广州市老龄委数据整理。

2.1.2 受迁移人口影响，总体老龄化进程缓慢

根据广州市三次的人口普查数据，广州市 2010 年 0～14 岁人口比例（少年儿童人口系数）为 16.30%，比 1990 年下降 3.88 个百分点，而 60 岁以上人口比例（老年系数）则从 1990 年的 9.61%缓慢上升为 9.74%，见表 2-2 和图 2-1，20 年内老年系数仅增加了 1.35%，因此，广州市人口老龄化进程较为缓慢，按国际人口老龄化标准广州尚未进入老龄化社会。

表 2-2 广州市“四普”“五普”“六普”人口年龄结构变化情况

年龄	各年龄段人口比例/%		
	1990 年	2000 年	2010 年
0～14 岁	20.18	14.85	16.30
15～60 岁	70.21	76.42	73.96
60 岁以上	9.61	8.73	9.74

数据来源：根据第四次至第六次全国人口普查数据整理。

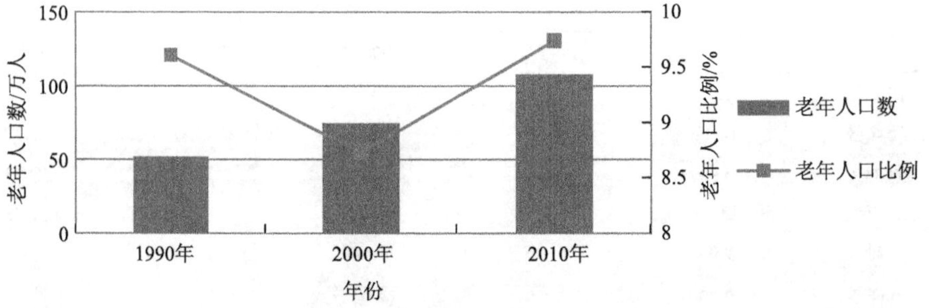

图 2-1 广州市 1990 年以来老年人口比例及老年人口数量

资料来源：根据第四、第五、第六次全国人口普查数据计算整理。

广州市老龄化进程缓慢的主要原因在于大量正处于 15～60 岁劳动年龄的外来人口的迅速增加。根据第六次人口普查数据，2010 年广州市行政区 1 270.19 万总人口中，户籍人口为 794.22 万，比 2000 年增长了 22.13%；非户籍人口即外来人口为 475.98 万，比 2000 年增长了 38.40%。可见，广州市行政区外来人口的增速高于户籍人口的增速。在广州市行政区户籍人口中，60 岁以上人口比例达到 14.48%，超出国际老龄化标准 4.48%；而占总人口比例 37.47%的外来人口中，60 岁以上人口比例仅为 0.95%，其余绝大部分外来人口以正值劳动年龄的人口为主。大量以青壮年为主的外来人口的进入，使广州市行政区人口的整体年龄结构趋于年轻，从而延缓了总人口的老龄化进程。

值得注意的是，人口普查所使用的人口统计口径为常住人口，其中，居住在广州市半年以上户口在外地的人口和居住在广州市不满半年但离开户口登记地半年以上的人口占广州市总人口的比例比较高，户籍人口占总人口比例相对不高。而在广州市老年人口中，广州市户籍老年人占广州市老年人的比例比较高，非广州市户籍老年人占广州市老年人的比例相对较低。所以按户籍人口计算，广州市老龄化程度要比按照常住人口计算出来的老龄化程度高。

综上分析，虽然广州市行政区尚未进入老龄化社会，但是广州行政区老年人口比例已经达到国际老龄化标准，其老龄化程度已经为老年型且还在缓慢加深，而且老年人口绝对数量增长较快，因此广州市老龄化问题日趋严峻。

2.1.3　老年人口数量规模大且增长较快

2010 年广州市 60 岁以上老年人口数量为 83.02 万，同 2000 年老年人口数 58.28 万相比，增加了 24.74 万人，10 年增长了 42.45%，年均增长 4.01%，高于全国老年人口年均增长 3.2%的水平；同 1990 年相比，增加了 56.05 万，20 年来增长了 108.21%。由此可见，广州市 20 年来老年人口数量增长较快。

比较广州 1982—2010 年中主要年份的总人口增长率和 60 岁及以上老年人口增长率见表 2-3，这近 30 年中年均总人口增长率稳定在 1%～2%，而老年人口增长率相比之下波动较大。总体而言，老年人口正增长的年份多于负增长的年份，且正增长的幅度比负增长的大。整体而言，广州市的人口老龄化发展快于人口增长速度。

表 2-3　1982—2010 年总人口增长速度与老龄化速度对比　（单位：%）

年份	总人口增长速度		老年人口增长速度	
	总增长率	年均增长率	总增长率	年均增长率
1982—1990	14.61	1.72	25.795 98	2.910 182
1990—1995	8.50	1.65	31.580 11	5.642 349

续表

年份	总人口增长速度		老年人口增长速度	
	总增长率	年均增长率	总增长率	年均增长率
1995—2000	7.67	1.49	−14.035 6	−2.979 45
2000—2005	8.93	1.73	35.001 35	6.186 088
2005—2010	7.62	1.48	−5.053 97	−1.031 87

资料来源：根据第三次至第六次全国人口普查及两次 1%人口抽查数据整理。

2.1.4 老龄化程度分别为老年型和非老年型且变化格局稳定

广州市 10 个区 1990 年、2000 年、2010 年的老年人口比例变化情况如表 2-4 和图 2-2 所示。为了便于比较，以 2010 年行政区域界线为准，将 2000 年、1990 年的统计数据（包括下文的街道层面数据）按界线的变化情况进行相应的人口数据的调整，以保证研究年份数据的可比性。

表 2-4 广州市各区主要年份老年人口比例（$60^+/0^+$）表 （单位：%）

区域	1990 年	2000 年	2010 年
白云区	8.12	6.35	7.19
海珠区	10.11	10.52	12.65
黄埔区	6.58	6.08	7.51
荔湾区	13.08	13.25	14.78
萝岗区	7.55	6.75	5.62
天河区	5.90	5.99	7.27
越秀区	12.22	14.48	15.62
番禺区	8.89	5.98	7.78
花都区	8.98	8.17	9.36
南沙区	9.39	8.23	8.60
平均	9.61	8.73	9.74

数据来源：根据第四、第五、第六次全国人口普查数据整理。

由表 2-4 和图 2-2 中数据可以明显看出，20 年来，尽管广州市各区的老龄化程度都有变化，但是 10 个区明显一直分处于老龄化的两个阶段，即基本处于老城区的越秀区、荔湾区和海珠区，从 1990 年以来老年人口比例均为 10%以上，因此老龄化程度均属于老年型；位于城市外围的白云区、黄埔区、萝岗区、天河区、番禺区、花都区和南沙区老年人口比例均低于 10%，说明其老龄化程度还处于成年型；因为老年型地区老年人口比例上升幅度比成年型大，两类区域老龄化程度差异呈现加大的趋势。

在较明显的两类区域中，各区也有各自不同的变化。越秀区和荔湾区是典型的老城区，1990 年老龄化程度已较高。越秀区 1990-2010 年间老年人口比例更是从 12%上升至 15%，成为广州市老龄化程度最严重的地区；海珠区 1990 年刚步入老年型，2000 年后老年人口比例增长速度加快，至 2010 年老龄化程度也已经接近 13%；天河区、黄埔区和花都区 20 年来老龄化程度在持续加重；白云区、萝岗区、番禺区和南沙区则属于老年人口比例下降即老龄化程度减轻的情况。

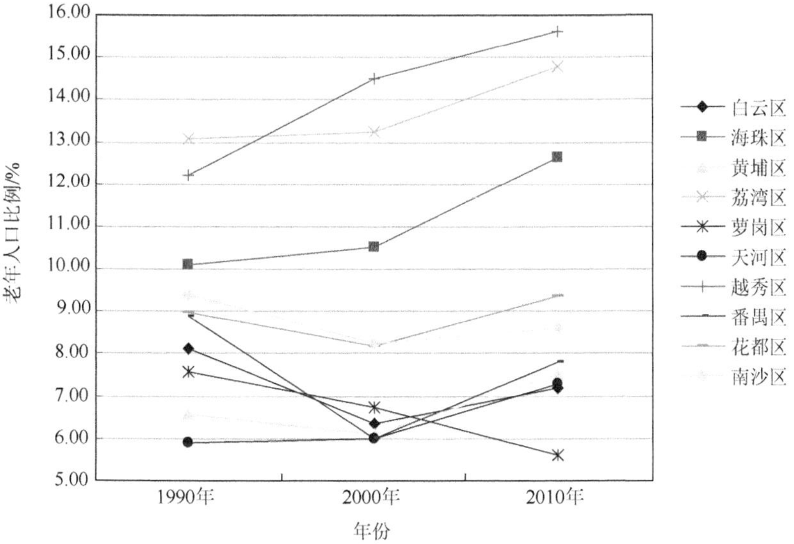

图 2-2　广州市分区老龄化程度变化情况

资料来源：根据第四、第五、第六次全国人口普查数据整理。

2.2　广州市人口老龄化空间分布变化

2.2.1　老年人口分布总体格局为集中型，但集中程度下降

洛伦兹曲线是用于描述社会收入分配的累计频率曲线，最早是由美国统计学家洛仑兹提出来的，本书将其用于广州市老年人口分布集散度的分析。

首先，选取 1990 年、2000 年、2010 年广州市各区老年人口数和土地面积按下式计算 R 值，并将其由大到小进行排列，结果如表 2-5 所示。

$$R=\frac{\text{区老年人口数占全市老年人口比值}}{\text{区土地总面积占全市土地总面积比值}}$$

表 2-5 广州市各区主要年份 *R* 值排列表

区域	*R* 值		
	1990 年	2000 年	2010 年
越秀区	19.10	23.53	28.47
荔湾区	7.54	9.03	11.32
海珠区	7.47	7.14	6.19
天河区	2.75	2.33	1.27
黄埔区	1.39	1.26	1.01
白云区	0.86	0.76	0.63
番禺区	0.55	0.50	0.51
花都区	0.33	0.32	0.35
萝岗区	0.19	0.12	0.12
南沙区	0.16	0.16	0.13

数据来源：根据第四、第五、第六次全国人口普查数据计算。

由表 2-5 可知，广州市老年人口分布最密集的是越秀区，其次是荔湾区和海珠区，都是位于市中心的老城区，土地面积较小但集中居住着数量较多的老年人口，而天河区、黄埔区、白云区、番禺区和萝岗区为城市外围新开发区，居住的老年人口数量不多且土地面积较大，因而老年人口分布的密集程度远低于老城区，花都区和南沙区是远郊区，土地面积大，人口密度小，所以老年人口分布密度是最小的。

计算出各区土地总面积累计百分比，以之为横坐标；计算各区老年人口累计百分比，以之为纵坐标，可绘制出如图 2-3 所示的洛伦兹曲线。

图中对角线表示的是人口均匀分布的状态，洛伦兹曲线在对角线以下表示人口分布趋向集中，洛伦兹曲线离对角线越远，人口分布越集中。图中 1990 年、2000 年、2010 年曲线均位于对角线下方并远离对角线，说明 20 年来广州市老年人口分布总体是集中格局，但三条曲线有向对角线方向的细微移动的趋势，说明在集中的总格局中呈现轻微的分散趋势。

利用洛伦兹曲线计算集中化指数 I，可对老年人口分布的集中程度进行定量分析。I 的计算公式如下：

$$I=\frac{\text{对角线与曲线围成的面积}}{\text{对角线以下的面积}}\times 100\%$$

I 值在[0, 1]之间，值越大，空间分布越集中。

经计算，I_{1990}=74.24%＞I_{2000}=70.00%＞I_{2010}=65.17%，说明广州市老年人口分布总的格局是集中型，但 20 年来集中程度在下降。

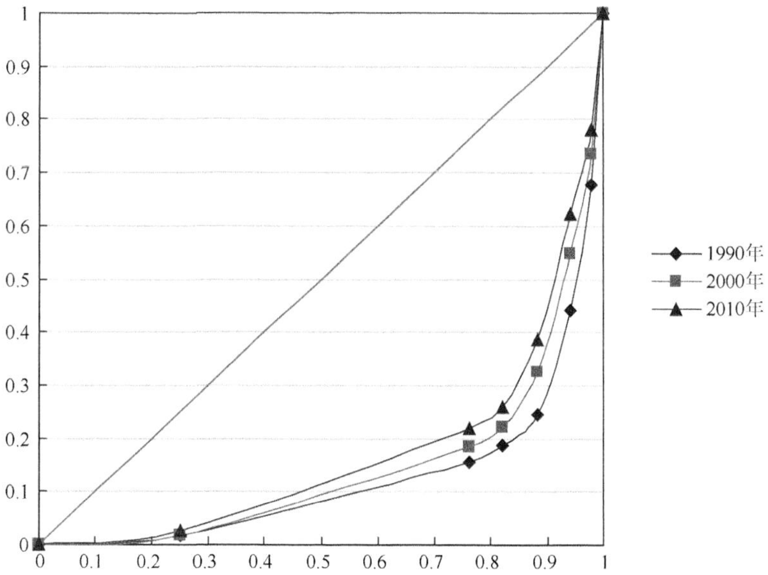

图 2-3　1990、2000、2010 年广州市老年人口空间分布的洛伦兹曲线

资料来源：根据第四、第五、第六次全国人口普查数据计算。

2.2.2　老龄化空间呈圈层+双峰型分布

选取 2000 年和 2010 年广州市街道层面的老年人口比例数据进行 GIS 空间分析对比。根据广州市实际情况，对国际通用的老龄化标准进行细化，将老年人口比例分成 5 个时期：0～4.99%称为年轻型，5.00%～9.99%称为成年型，10.00%～12.99%称为老年型初期，13.00%～15.99%称为老年型中期，超过 16.00%（含 16.00%）称为老年型后期。依此划分标准分析结果如图 2-4 和图 2-5 所示。

可以看出，2000 年和 2010 年老龄化分布均明显呈现以老城区为中心的 3 个圈层，基本可与老龄化程度的 5 个时期对应，即老龄化程度最严重的老年型（包括初、中、后期）分布于市中心的老城区，形成老龄化空间的中心圈层，主要包括越秀区、荔湾区大部分、海珠区西部和北部及天河区西南部的街道；老龄化程度最轻的年轻型处于中心城区外围，形成内缘圈层，包括白云区南部、天河区大部分、萝岗区南部、黄埔区、海珠区南部和番禺区的部分街道；老龄化程度介于两者之间的成年型或少数几个老年型初期分布于城市最外围的镇街，形成老龄化空间分布的外缘圈层，主要为白云区北部和番禺区、南沙区部分镇街。

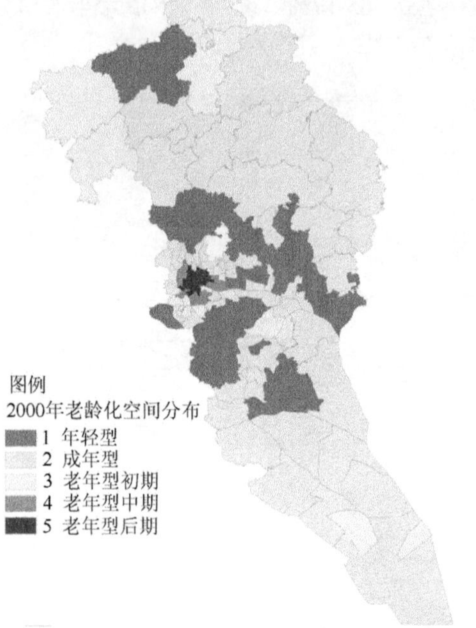

图 2-4 广州市 2000 年老年人口比例分布图

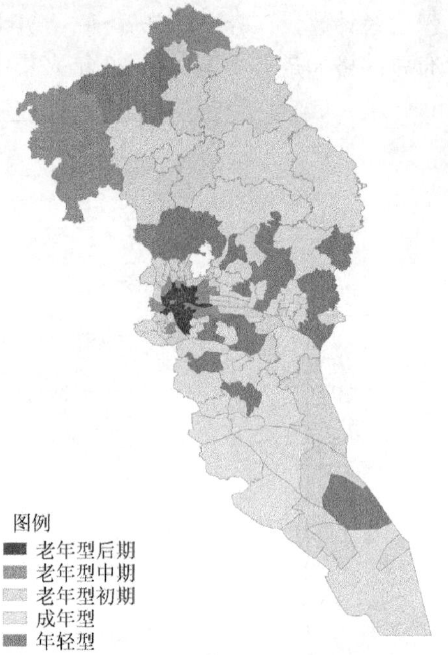

图 2-5 广州市 2010 年老年人口比例分布图

从圈层分布的总体格局上看，形成的是中间圈层老龄化程度低、中心和外圈层老龄化程度相对较高的态势，而且从图 2-5 中明显看到，老龄化程度最严重的地域范围除了老城区之外，远郊区的花都区赤坭、炭步和梯面镇老龄化程度也较高，已经进入老年型中期，因此老龄化空间分布同时呈现出两头高、中间低的双峰型特征。

2.2.3 各街镇老龄化程度变化情况各异

与 2000 年相比，2010 年老龄化空间分布主要变化在中心城区和远郊区。老城区大部分街道老龄化程度有所加深，老龄化地域（即老年型区域，老年人口比例 10%以上）的范围明显扩大，向中心区的东面和南面扩展，尤其是海珠区西部的几个街道由老年型初、中期变成了老年型后期，天河区南部、海珠区东部和黄埔区西部的街道从成年型变成老年型初期；远郊镇区如花都区赤坭、炭步和梯面镇，白云区江高、人和镇和番禺区石楼镇、市桥街老龄化程度由年轻型进入老年型，变化较大，其他街镇老龄化程度变化不大。

为更进一步分析各街镇老龄化程度的变化情况，计算 2010 年和 2000 年老年人口比例的差值，同样运用 GIS 空间分析十年间各街道老年人口比例的变化幅度如图 2-6 所示。图中浅色是老年人口比例下降或上升不明显的区域。老年人口比例出现较大增幅的区域，主要为海珠区西部和北部的沙园、南石头、素社、江南中、昌岗、新港、赤岗、琶洲等街道，天河区的沙河、林和、天河南、猎德等街道，番禺区石楼镇、市桥街等镇街，花都区赤坭、炭步和梯面镇及黄埔区、荔湾区的部分街道，与图 2-5 所示向东向南扩展的老龄化地区范围相吻合。老年人口比例下降幅度较大的地区，分布在萝岗区的联和、永和、东区，黄埔区的南岗街道和番禺区的小谷围街道，老城区如大新、华林和岭南等老龄化程度很严重的街道也开始出现了老年人口比例明显下降的现象，虽然 2010 年其老龄化程度还高达 16%以上，但是老年人口数量已经减少，表明其老龄化进程趋缓，开始进入平稳发展的重度老龄化阶段。

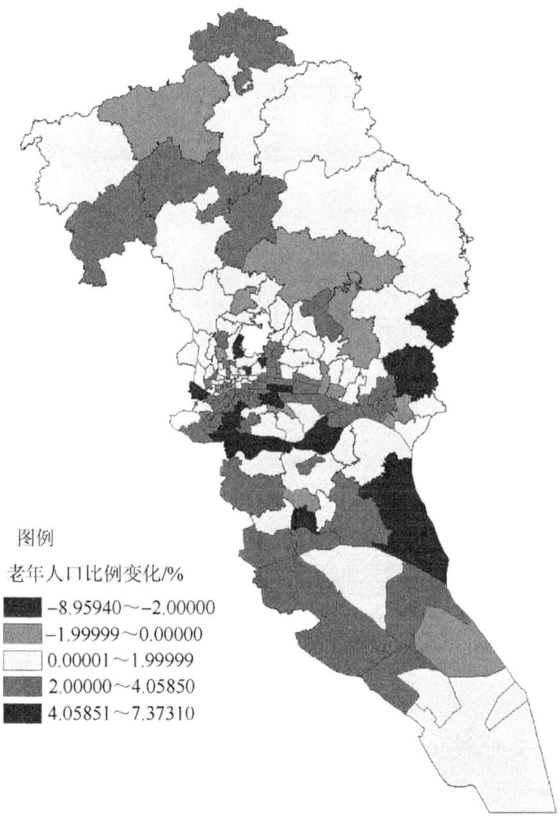

图 2-6　广州市 2000—2010 年老年人口比例变化情况

综合以上分析，2000—2010 年广州市各街镇老龄化程度变化情况可按其变化特征大致分为三种类型，如表 2-6 所示。

表 2-6　2000—2010 年广州市各街镇老龄化程度变化情况分类表

类型	变化特征	街道
老龄化程度加重区	老年人口比例上升幅度较大或由成年型变为老年型	越秀区的华乐、梅花村街，荔湾区的石围塘、白鹤洞、东漖、东沙街，海珠区的沙园、南石头、素社、江南中、昌岗、新港、赤岗、琶洲街，天河区的沙河、林和、天河南、天园、猎德、员村街，黄埔区的长洲、黄埔街，白云区的景泰街、江高镇、人和镇，番禺区的石楼镇、市桥街和南沙区的黄阁镇等
老龄化程度趋缓区	老龄化程度已较严重但老年人口比例下降或增长缓慢，或老年人口比例下降幅度较大	越秀区的大新、人民、珠光、北京、广卫、建设、洪桥、东风街，荔湾区的岭南、华林、多宝、龙津街，萝岗区的联和、永和、东区街，黄埔区的南岗街，南沙区的南沙街和花都区狮岭镇等
老龄化程度平稳变化区	老年人口比例增长不明显	除以上两类区域之外的所有街道

2.3　广州市人口老龄化空间分布趋势

本节采用空间自相关方法，分析广州市 2000 年和 2010 年人口老龄化空间分布的集聚扩散变化特征，进一步对老龄化空间的圈层分布进行解释，并分析预测广州市不同圈层人口老龄化的集聚扩散趋势。

2.3.1　基本方法与思路

空间自相关是指同一变量在不同空间位置上的相关性，空间自相关分析是对空间数据的统计分析，其主要依据是地理学第一定律的空间邻近法则，即空间上邻近的现象比距离远的现象更具有相似性。许多地理现象由于受到在地域分布上具有连续性的空间过程所影响而具有空间依赖或空间自相关特征，即空间邻近的区域单元现象或属性存在某种空间联系和关联性，空间数据间并非完全独立的，这完全打破了传统数量统计方法中样本相互独立的基本假设。因此，与传统的数量统计分析方法相比，空间自相关分析方法在分析空间关系的基础上进行数值的相关性分析，能更好地揭示与地理位置相关的空间数据关联和依赖性，是科学的空间统计方法。

空间自相关主要通过全局和局部空间自相关指标分析同一变量在不同空间位置上的相关性，从而度量与检验空间单元属性值的聚集程度，其中全局指标反映的是整个研究区域就某一变量的空间关联模式，而局部指标用于反映每一个空间单元与邻近空间单元就某一属性值的相关程度。本文选择 GeoDa 软件进行空间自相关分析，主要采用全局 Moran's *I* 指数和局部 Moran's *I* 指数（LISA）探索整个研究区以及内部各个区域之间人口老龄化分布的空间相互关联，揭示人口老龄化空间分布的集聚或扩散趋势。主要数据为广州市 2000 年和 2010 年各街道老年人口比例和老年人口数。本书引入全局 Moran's I 指数来测度全局的空间关联结构模式，利用 Moran 散点图与空间联系局部指标（LISA）一同协力检测局部空间的聚集性及分析局部空间的不稳定性。

1. 空间权重矩阵

空间权重矩阵表达的是地理单元的空间邻近关系，它是进行空间数据探索分析的前提和基础，也是空间统计分析与经典统计和计量学分析的重要区别之一。空间权重矩阵通常为一个二元对称矩阵 $\boldsymbol{W}_{n\times n}$，即

$$\boldsymbol{W}=\begin{Bmatrix} w_{11} & w_{12} & \cdots & w_{1n} \\ w_{21} & w_{22} & \cdots & w_{2n} \\ \vdots & \vdots & \vdots & \vdots \\ w_{n1} & w_{n2} & \cdots & w_{nn} \end{Bmatrix}$$

公式中 w_{ij} 表示区域 i 与 j 的邻接关系，确定 $\boldsymbol{W}_{n\times n}$ 常用的有基于距离和基于多边形（区域）的两种邻接矩阵，本书选择一阶 Queen 邻接方法选取周围的邻接多边形的计算方式生成空间权重矩阵。

2. 全局 Moran's I 指数

Moran's I 指数用于衡量整体区域空间要素的相互关系，其值一般在[–1, 1]之间，Moran's I 显著为正则表示空间正相关，反之则表示空间负相关，等于 0 则表示空间不相关，越趋近于 1（或–1）越表现出很强的正（或负）空间自相关性。其计算公式如下：

$$I=\frac{n\sum_{i=1}^{n}\sum_{j=1}^{n}w_{ij}(x_i-\overline{x})(x_j-\overline{x})}{\sum_{i=1}^{n}\sum_{i=1}^{n}w_{ij}(x_i-\overline{x})^2}$$

式中：n 为研究区域的总数目；x_i 和 x_j 为某属性特征 x 在区域 i 和 j 上的观测值；w_{ij} 为研究对象 i、j 间行标准化的空间权重矩阵，表示的是 n 个位置的空间区域的邻近关系；$\overline{x}$ 是某属性特征 x 在 n 个研究区域全部观测值的平均值。

3. 局部 Moran's I 指数

空间联系的局域指标（LISA）是用来度量每个区域单元与其周边地区的属性值之间的显著空间聚集程度的指标，其计算公式为：

$$I=z_i\sum_{j=1}^{n}w_{ij}\times z_j$$

式中，z_i 和 z_j 是区域 i 和 j 上观测值的标准化，w_{ij} 是空间权重。I 值越高，表明有相似变量值（高值或低值）的区域单元在空间集聚，I 值为低值则表示有不相似变量值的区域单元在空间集聚。

将变量 z 与其空间滞后向量（w_z）之间的相关关系，以散点图的形式加以描述，则构成 Moran 散点图。Moran 散点图分为 4 个象限，代表 4 种区域单元间的空间联系形式，分别对应的 4 种不同区域空间差异类型为：高高（或低低）象限代表了高观测值（或低观测值）的区域单元被同是高值（或低值）的区域所包围的空间联系形式；低高象限代表了低观测值的区域单元被高值的区域所包围的空间联系形式；高低象限代表了高观测值的区域单元被低值的区域所包围的空间联系形式。

2.3.2　老龄化空间总体呈现集聚特征

利用 GeoDa 软件计算得到广州市 2000 年和 2010 年老年人口比例和老年人口数量的全局 Moran's I 值见图 2-7、图 2-8。采用蒙特卡罗 999 次模拟次数的方法来检验 Moran's I 的显著水平，结果均通过 p=0.01 显著性水平的检验，说明在 99% 置信度下空间自相关是显著的。

从图 2-7 和图 2-8 中可以看出，两个年份老年人口比例全局 Moran's I 统计值均较大且非常显著，说明广州市人口老龄化整体上存在着显著的、正的空间自相关，极化效应明显，人口老龄化呈现非常稳定且较强的空间集聚特征，即高（低）老龄化的区域相对地趋于和较高（低）老龄化的区域相邻，老龄化程度严重的区域和老龄化程度较轻的区域各自在空间上呈聚集分布。2010 年 Moran's I 值与 2000 年相比有所升高，表明十年来整体老龄化空间分布持续趋向集聚分布。

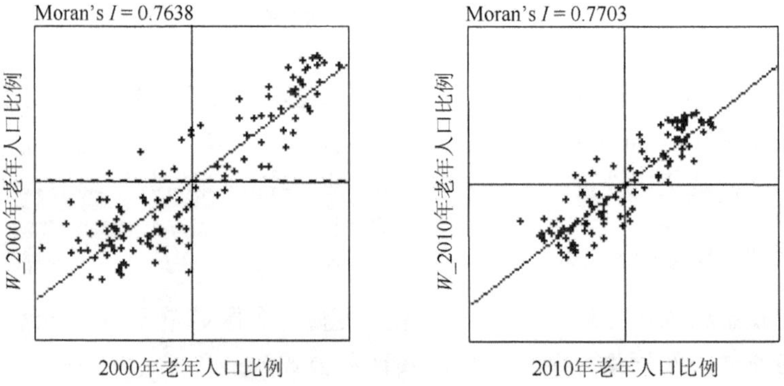

图 2-7　广州市 2000、2010 年老年人口比例全局 Moran's I（Moran 散点图）

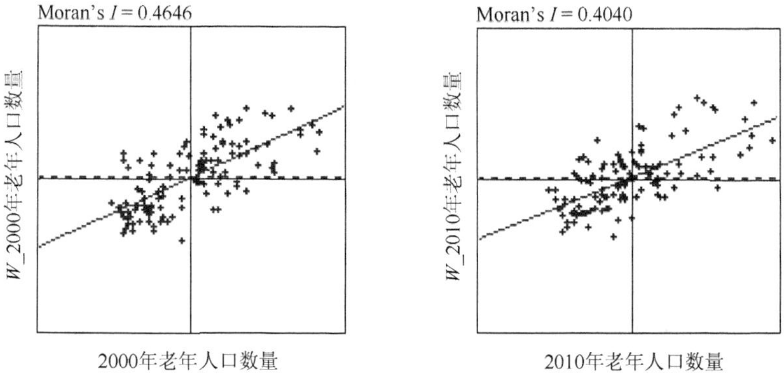

图 2-8　广州市 2000、2010 年老年人口数量全局 Moran's *I*（Moran 散点图）

虽然两个年份老年人口数量的全局 Moran's *I* 统计值也较大和显著，但 2010 年 Moran's *I* 值与 2000 年相比有所下降，即十年间老年人口的全局 Moran's *I* 总体趋势是变小的，说明老年人口空间分布尽管整体呈现集聚特征，但出现了趋于分散均匀的状态。这一分析结果与前文老年人口洛伦兹曲线分析的结果是一致的。

2.3.3　老龄化局部空间自相关呈圈层分布特征

由于全局 Moran's *I* 只是反映了整个区域的发展趋势，不能反映出区域内部的空间集聚的特征，因此，在全局空间自相关系数的基础上，进一步运用 GeoDA 软件计算 Local Moran's *I* 指数以对人口老龄化进行局部空间自相关分析，从而检测局部空间的聚集性及分析局部空间的不稳定性。

从图 2-7 的散点图来看，两个年份各街道老年人口比例 Moran's *I* 值多数分布在第一、第三象限，即大多数属于高高或低低型，低高或高低型（第二、四象限）的散点较少，因而人口老龄化分布表现出正的空间自相关，即空间集聚特征明显。从图 2-9 的 LISA 集聚性地图可以看出，广州市老龄化空间分布呈现明显的圈层结构，由此可以验证前文关于广州市老龄化圈层分布的分析结果，但是结合图 2-3 的老龄化空间分布曲线和 LISA 集聚性示意图分析，将老龄化空间分布划分为 4 个圈层，才能更准确地反映出老龄化空间分布的特征，即将前文所述的中心圈层进一步划分为中心（老年型后期）和中心外围（老年型初、中期）2 个圈层。这种划分不是对前面分析的否定，而是对圈层结构的更进一步细分，将更有利于把握老龄化空间分布的特征。

由图 2-9 的广州市 2000 年和 2010 年老龄化空间分布 LISA 集聚性示意图显示，老城区范围的越秀区、荔湾区和海珠区西北部街道合成的核心区域一直属于广州市人口老龄化空间集聚显著的高高区，与老龄化程度最严重的老年型后期区域基本吻合，此即为内圈层的老龄化空间集聚热点区；老城区外围为显著的低高区，说明这些区域老龄化程度较周围相邻区域低，为第二圈层的老龄化空间集聚的异质冷点区；显著的低低区包括白云区南部、天河区大部分、萝岗区南部、黄埔区和海珠区南部等街道，基本属于老龄化程度最轻的内缘圈层区域，说明这些区域以劳动年龄人口为主，呈现明显的年轻化趋势，此即为第三圈层的老龄化空间集聚冷点区；其余部分地区（图中灰色区）的局部空间自相关是不显著的，主要分布在最外圈层；基本不存在显著高低区。综上，集聚性地图显示的多数为高高和低低集聚状况，说明广州市各街道老龄化空间分布多为正的空间自相关，显示出较明显的圈层空间集聚特征，不过有部分地区的局部空间自相关显著性水平不高。

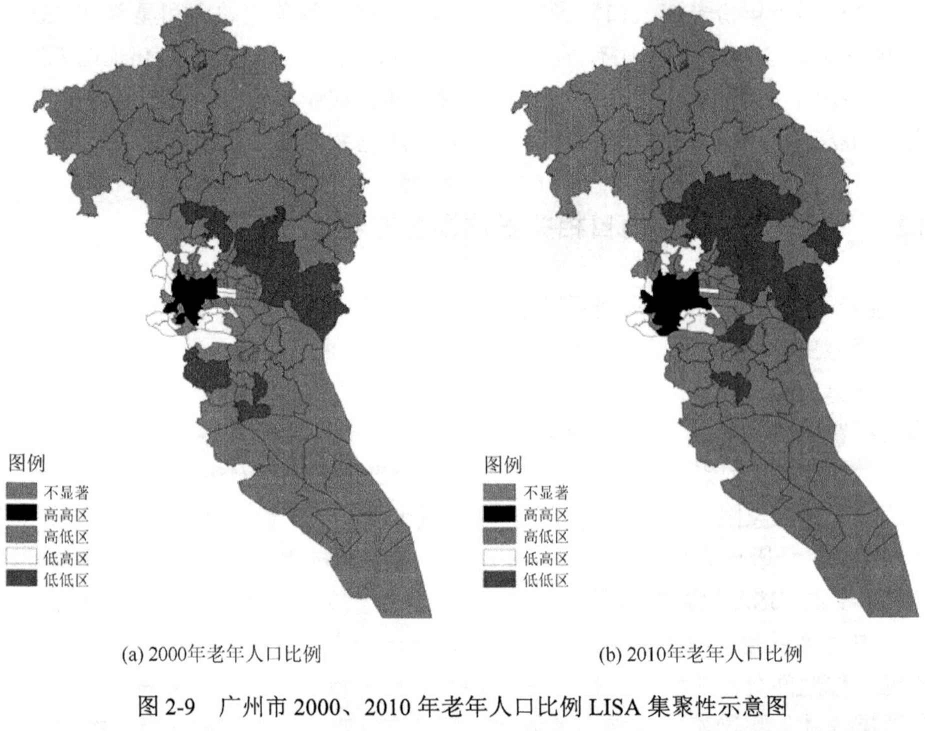

图 2-9　广州市 2000、2010 年老年人口比例 LISA 集聚性示意图

对比 2000 年和 2010 年老龄化空间分布 LISA 集聚情况，发现在基本相似的总体特征之下，各集聚区范围有轻微的变化：高高集聚的热点区出现向老城区东部和南部的越秀区和海珠区部分街道延伸的趋势，这与广州“南拓、东进”的城市空间发展方向一致，显示了城市空间扩展导致的人口分布变化对老龄化空间分布的影响；低低集聚的冷点区向城市北部和东部的萝岗区和黄埔区部分街道扩展，说明此区域属城市开发区，有吸引更多年轻的劳动年龄人口向其集中居住的趋势；

位于老城区外围的低高集聚区随高高区的变化而有所缩小，说明老城区的严重老龄化程度随着城市发展空间扩张和人口分布变化向周围扩散。

2.4　小　结

综上所述，1990 年以来广州市已进入老龄化社会，但人口老龄化总体进程缓慢，各区老龄化程度变化稳定分处于老年型和成年型两个阶段，老龄化空间演进呈单中心圈层变化，老龄化程度最严重的区域仍集中在老城区的街道，老龄化程度加重区域为老城区外围并向东向南扩展；全市老年人口数量增长较快，老年人口分布趋向集中并呈现轻微的分散趋势，老城区老年人口数量有所减少，开始进入平稳发展的重度老龄化阶段。

从 2000 年以来，广州市人口老龄化空间分布总体持续趋向集聚分布，内部分布则是以老城区街道为主的中心圈层形成老龄化空间集聚的热点区，中心外围出现低高集聚的异质冷点区，城市内缘圈层为低低集聚的冷点区。老龄化空间分布各圈层的集聚与扩散趋势为：中心圈层总体集聚中出现扩散态势，中心外围圈层呈现扩散趋势，内缘圈层为集聚趋势，外缘圈层老龄化为聚-散趋势。随着老龄化进程的推进，未来广州市人口老龄化空间分布总体趋势是趋向于均匀分布。

第3章　广州市老年人口社会空间结构

前面章节的分析表明，城市不同区域的老龄化程度表现出明显的差异，这种年龄结构上的差异是在不同空间单元、空间形式间的人口迁移流动过程中形成的，其内里实质是不同区域的人口属性、社会结构特征影响了地区老龄化进程的快慢和方式。因为体现在城市空间上的人类社会发展的普遍规律是，具有相似社会属性（如收入状况、职业背景、文化取向等方面）的人趋于同类相聚，不同社区群体因为占有的经济资源、住房资源、教育资源、空间资源等城市资源不同，在城市空间的宏观表现上显示出不同的居住空间分异[152]。如本书重点研究的老年人口，同样存在着性别、身份、社会属性等差异，不同的人生经历会造成较大的个体差异，影响其居住、迁移活动，从而有可能造成不同类别群体的集聚，叠加上非老年人口的居住、迁移的空间行为，在空间上即体现出老龄化程度的明显差异。因此，对老龄化空间结构特征的研究需要从城市社会空间结构分析入手。

本章将以城市社会区研究的思路为基础，利用广州市第五、第六次人口普查汇总数据，选取构建基本能够表征老龄化地区社会空间结构特征的指标体系，采用因子生态分析方法进行主因子分析，再根据因子的综合得分运用聚类方法划分老年人口社会空间地域类型，并总结老年人口社会空间结构分析中的变量与因子及地域类型变化的特征。

3.1　指标体系的构建

因子生态分析法是20世纪60年代实证主义学派主要对城市社会空间结构形式进行概括性描述的分析方法，它通过提取影响社会空间结构的主因子进行社会区类型的划分，众多影响变量之间的关系可以通过定量手段得以清晰明了的反映，因此目前是进行城市社会空间结构研究常用的成熟方法，并且其分析结果可以通过GIS方法予以空间可视化的表达。

在描述分析不同的城市社会空间结构时，所采用的因子生态分析方法具有选取指标变量和统计方法的差别。目前用因子分析法研究城市社会区划分所选取的指标体系通常由一般统计指标、户籍类型、人口年龄、教育水平、行业结构、职业结构、住房状况等变量构成，这些变量的合理性还有待科学论证。在已有研究中大多以街道行政范围单元为研究尺度，偶尔出现社区居委会尺度的研究[153]，学者对研究尺度问题的讨论意见认为：①空间分异程度本身是一个相对的概念，不同空间尺度之间不具有可比性，判断社会空间分异程度的变化应基于同一尺度不同时间节点的对比；②“街区尺度”是展现中国城市社会空间分异特征的具有可操作性的空间尺度[154]，因为在人口普查资料中，大众可获得的是街道尺度的数据。因此本书也采用人口普查中的街道尺度数据。

考虑到本书主要考察的对象是老龄化地区，因此在构建指标体系时，除了上述对城市社会区划分的指标体系常用一般指标之外，还重点选择了涉及老年人口的社会结构属性指标来进行指标体系的构建，如人口普查设置的“老年人口主要生活来源”（第五次人口普查为“未工作者主要生活来源”）和“有 60 岁及以上老年人口的家庭户户数”（第五次人口普查为“有 65 岁及以上老年人口的家庭户户数”）的指标。老年人口的主要生活来源是一项综合性的相对稳定的评估指标，它可以了解哪些收入是老年人口生活的最主要依靠，反映老年人经济供养能力的变化[156]，能够在一定程度上体现老年人口的经济状况和财富资源的拥有情况，反映老年群体内部在经济资源占有方面的差异，主要包括劳动收入、离退休金、最低生活保障金、财产性收入、家庭其他成员供养和其他（第五次人口普查为退休金、领取基本生活费、家庭其他成员供养、财产性收入和其他）等变量。有 60 岁及以上老年人口的家庭户户数主要包括有一个 60 岁及以上老人家庭户、只有一对老夫妇的户、一对老夫妇与未成年的亲属户、有两个 60 岁及以上老年人的户和其他等变量，其不仅表征了老年人口家庭的类型特征，也在一定程度上反映了老年人口的婚姻状况。

鉴于街道尺度数据来源的易获得性，本书以街道为研究单位，构建了基本能够表征老龄化地区社会空间结构特征的 5 大变量类型的指标体系，具体包括：①人口状况，主要包括表征人口规模、户籍类型、年龄结构、家庭结构的变量；②老年人口状况，主要包括老年人口主要生活来源、老年人口家庭状况等变量；③受教育程度，主要包括受不同教育等级序列形式教育人口；④职业状况，表征职业结构的变量；⑤家庭住房状况，主要包括家庭月租房费用、住房面积、住房来源、住房年代等方面。广州市老龄化地区社会空间结构分析指标体系见表 3-1。

表 3-1　广州市老龄化地区社会空间结构分析指标体系

变量类型		变量指标
人口状况	人口规模	总人口数、家庭户户数
	户籍类型	户籍人口数、外来人口数、常住本地人口数
		农业人口数、非农业人口数
	年龄结构	0～14 岁人口数、15～59 岁人口数、60 岁及以上人口数

续表

变量类型		变量指标
人口状况	家庭结构	家庭户户数、家庭户人数 一代户家庭户数、二代户家庭户数 三代户家庭户数、四代户家庭户数
老年人口状况	主要生活来源	主要生活来源为劳动收入的老年人口数* 主要生活来源为离退休养老金的老年人口数 主要生活来源为最低生活保障金的老年人口数 主要生活来源为财产性收入的老年人口数 主要生活来源为家庭其他成员供养的老年人口数 主要生活来源为其他的老年人口数
	家庭状况	有一个 60 岁及以上老人家庭户数 只有一对老夫妇的户数 一对老夫妇与未成年的亲属户数 有两个 60 岁及以上老年人的户数、其他
受教育程度	受教育人口	未上过学人口数、小学受教育人口数 初中受教育人口数、高中受教育人口数 大学专科受教育人口数、大学本科受教育人口数 研究生受教育人口数
职业状况	职业结构	国家机关、党群组织、企事业单位负责人人数 专业技术人员人数 办事人员和有关人员人数 商业服务业人员人数 农林牧渔水利生产人员人数 生产运输设备操作人员及有关人员人数 不便分类的其他从业人员人数
家庭住房状况	月租房费用	20 元以下月租费用家庭户户数 20～50 元以下月租费用家庭户户数 50～100 元以下月租费用家庭户户数 100～200 元以下月租费用家庭户户数 200～500 元以下月租费用家庭户户数 500～1 000 元以下月租费用家庭户户数 1 000～1 500 元以下月租费用家庭户户数 1 500～2 000 元以下月租费用家庭户户数 2 000～3 000 元以下月租费用家庭户户数 3 000 元及以上月租费用家庭户户数*

续表

变量类型		变量指标
家庭住房状况	住房建成年代	1949 年前住房家庭户户数
		1949—1959 年住房家庭户户数
		1960—1969 年住房家庭户户数
		1970—1979 年住房家庭户户数
		1980—1989 年住房家庭户户数
		1990—2000 年住房家庭户户数
		2000 年以后住房家庭户户数*
	人均住房面积	家庭户人均住房面积
		8 m^2 以下人均住房面积家庭户数
		8～12 m^2 以下人均住房面积家庭户数
		12～16 m^2 以下人均住房面积家庭户数
		16～19 m^2 以下人均住房面积家庭户数
		19～29 m^2 以下人均住房面积家庭户数
		29～39 m^2 以下人均住房面积家庭户数
		39～49 m^2 以下人均住房面积家庭户数
		49～59 m^2 以下人均住房面积家庭户数
		59～69 m^2 以下人均住房面积家庭户数*
		69 m^2 及以上人均住房面积家庭户数*
	住房来源	自建住房家庭户户数
		购买商品房家庭户户数
		购买经济适用房家庭户户数
		购买公有住房家庭户户数
		租用公有住房家庭户户数
		租用商品房家庭户户数
		其他家庭户户数

注：表中标注有“*”的指标是指 2010 年人口普查数据中有该指标，而 2000 年人口普查数据中没有该指标的统计。

3.2　2000 年广州市老年人口社会空间结构

根据因子生态分析方法的一般步骤，采用 SPSS16.0 软件，对 2000 年的 121×70 个原始数据矩阵进行不作旋转的主成分分析，得到成分与变量之间的载荷矩阵，系统自动选取 8 个主因子，其解释方差累计百分比为 87.896%，同时对该载荷矩阵进行的 KMO 和 Bartlett 球形检验显示，KMO 值为 0.821，Bartlett 检验系数小于 0.05，说明对这些变量进行因子分析是比较适合的。KMO 是用于比较观测相关系数值与偏相关系数值的一个指标，其值大于 0.5 时表明所选取指标变量适合做因子分析，越接近 1 表明因子分析的效果越好。

结合提取因子的碎石图（图 3-1），可以看出特征值变化曲线在第 5 点出现较明显的拐点变化，第 5 点之前曲线变化较大，第 5 点之后变化平缓，因此初步判断选取最前 5 个主因子进行分析较为合适，提取出的 5 个主因子累积方差达到 81.771%，解释了全部变量八成以上的信息。

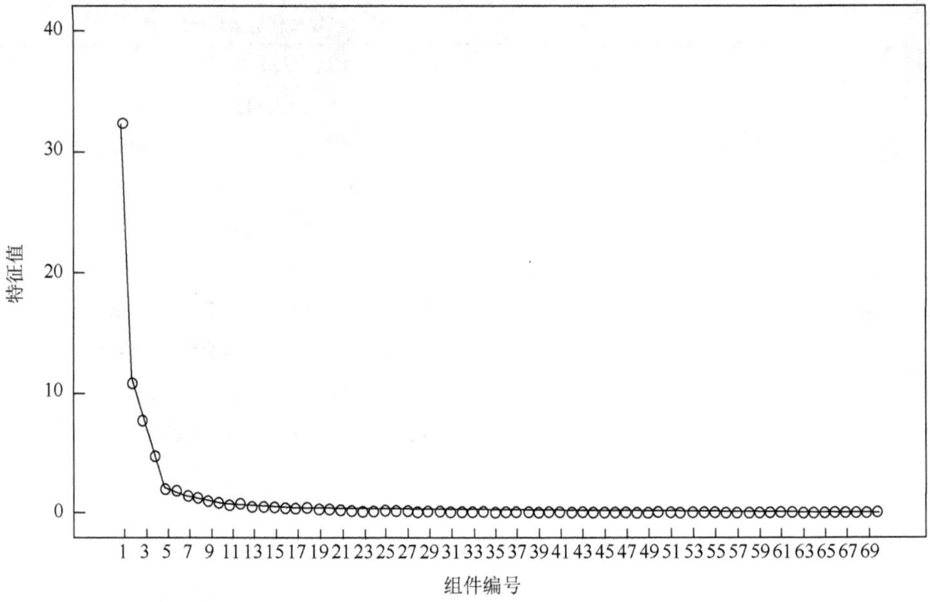

图 3-1　因子分析碎石图（2000 年）

由于经上述快速分析后各主因子的相关变量构成不够清晰，为取得均匀的因子分布，进一步采用旋转的方法指定提取 5 个主因子，经过各种旋转方法实验，选定 Varimax 最大方差法进行正交旋转，经 10 次迭代完成数据处理后，得到较为清晰的因子结构，主因子中各变量的关系明确，能较好反映出老龄化地区社会空间结构的特点（表 3-2）。下面分析每个主因子主要反映的变量特征并加以命名。

表 3-2　5 个主因子特征值和方差贡献率（2000 年）

成分	初始特征值			提取平方和载入			旋转平方和载入		
	合计	方差贡献率/%	累积贡献率/%	合计	方差贡献率/%	累积贡献率/%	合计	方差贡献率/%	累积贡献率/%
1	32.392	46.275	46.275	32.392	46.275	46.275	21.772	31.103	31.103
2	10.731	15.330	61.605	10.731	15.330	61.605	12.698	18.140	49.242

续表

成分	初始特征值			提取平方和载入			旋转平方和载入		
	合计	方差贡献率/%	累积贡献率/%	合计	方差贡献率/%	累积贡献率/%	合计	方差贡献率/%	累积贡献率/%
3	7.620	10.886	72.491	7.620	10.886	72.491	10.521	15.030	64.273
4	4.593	6.561	79.052	4.593	6.561	79.052	8.601	12.287	76.560
5	1.904	2.720	81.772	1.904	2.720	81.771	3.648	5.211	81.771

3.2.1　2000 年广州市老年人口社会空间结构主因子分析

对于经以上步骤得到的因子载荷矩阵，以多数地理学角度的因子分析采用的 0.400 为选取标准[28]，以此界定载荷在 0.40 以上的指标为具重要性的指标，然后计算出所有成分载荷的绝对值的平均值为 0.31，界定载荷在 0.31 以上的指标为次重要性的指标，并在主因子载荷矩阵中标出。根据荷载矩阵中各指标的特征，分析影响 2000 年广州市老龄化地区社会空间结构的因子主要包括以下 5 个主因子。

1. 第一主因子：农业户籍家庭状况

第一主因子特征值为 21.772，解释变量总方差的贡献率为 31.103%，主要反映了 44 个变量的信息，与表征变量均为正相关。其中，人口基本状况中，该因子与“四代户、三代户家庭户数”“常住本地人口数、户籍人口数、农业人口数、0～14 岁人口数”等指标呈强相关关系；对于老年人口状况，该因子与老年人口主要生活来源为“家庭其他成员供养、其他收入、最低生活保障金”、老年家庭为“只有一对老年夫妇的家庭户”等指标呈强相关关系；职业结构方面，该因子与“农林牧渔水利生产人员人数”呈强相关；家庭住房状况上，该因子与“39～49 m^2 以下及 50 m^2 以上人均住房面积家庭户数、自建住房家庭户户数”等指标呈强相关关系；受教育程度上，该因子与“小学受教育人口、未上过学人口、初中受教育人口”呈强相关。综合以上分析，该因子所反映的是农业户籍及其老年人口的家庭信息特征，因此概括为农业户籍家庭状况因子。

从分布上看（图 3-2），第一主因子得分高的地区集中在城市近远郊的镇街，得分越高的区域，农业人口比例越高，越具备农业生产生活方式特征。其中，得分大于 2.072 的第一等级街镇为花都区原新华镇和花东镇，番禺区市桥街，白云区的钟落潭、江高和人和等镇，得分大于 1.008 的第二等级主要为分布在第一等级街镇周边的花山、狮岭、石井、太和、石基等镇，这些镇街为传统的农业大镇，集聚了大量的农业人口，家庭户数包括老年家庭户数均较多且家庭结构规模较大，人口文化教育程度较低，住房以农村自建为主。

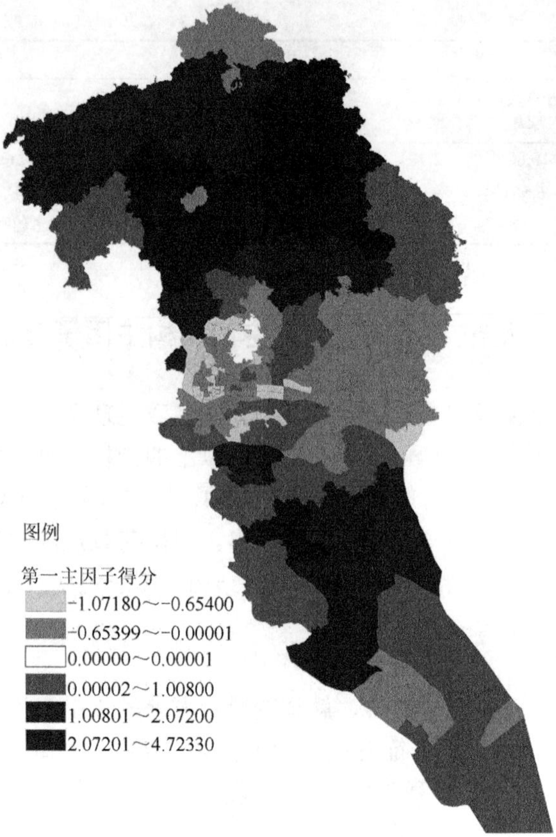

图 3-2　第一主因子分布图

2. 第二主因子：非户籍人口家庭状况

第二主因子特征值为 12.698，解释变量总方差的贡献率为 18.140%，主要反映了 35 个变量的信息，与表征非户籍人口、家庭结构、住房条件、住房来源的变量呈较强正相关。其中，人口基本状况中，该因子与“外来人口数、15～59 岁人口数”等指标呈强相关关系，与“农业人口数、0～14 岁人口数”等指标呈较强相关关系，表明该因子与外来务工人口相关联；家庭结构中与“一代户家庭户数、家庭户户数”等指标呈强相关关系，与“家庭人数、二代户家庭”等指标呈较强相关关系，说明其家庭结构为青年单身人口或典型的核心家庭；对于老年人口状况，该因子只与老年人口主要生活来源为“财产性收入”指标呈较强相关关系；家庭住房状况上，住房来源与“租用商品房”指标呈强相关，与“购买经济适用房、购买商品房”等指标呈相关关系，住房条件上与“8～12 m^2 以下及 8 m^2 以下人均住房面积家庭户数、租金 200～500 元以下、100～200 元以下、住房年代为 1990—2000 年户数”等指标呈强相关关系，与“12～16 m^2 以下及 19～29 m^2 以下人均住房面积家庭户数、租金 500～1 000 元以下”等指标呈较强相关，表明此类区域人群是租用或购买小面积或中等面积的新建商品房为主；受教育程度上，该因子与“中专、高中、初中受教育人口数”呈较强相关，表明该因子与中等教育相关联；职业结构方面，该因子与“商业服务业人员人数、生产运输设备操作人员及有关人员人数”呈强相关。综合以上分析，该因子所反映的是从事商业服务和生产性行业的外来务工普通收入人员及其家庭的信息特征，因此概括为非户籍人口家庭状况因子。

从分布上看（图 3-3），第二主因子得分高的地区集中在中心城区外围的街镇，呈现较明显的圈层分布。其中，得分最高街镇为海珠区原新滘镇，为 5.26，其次是白云区原同和镇，为 4.57，得分第二等级主要为天河的原沙河镇、原东圃镇和白云区松洲、新景、棠景等街及黄埔区的南岗镇，这些街镇 20 世纪 90 年代工业发展迅速，是广州市经济技术开发和快速发展的地区，吸引了大量的外来人口，

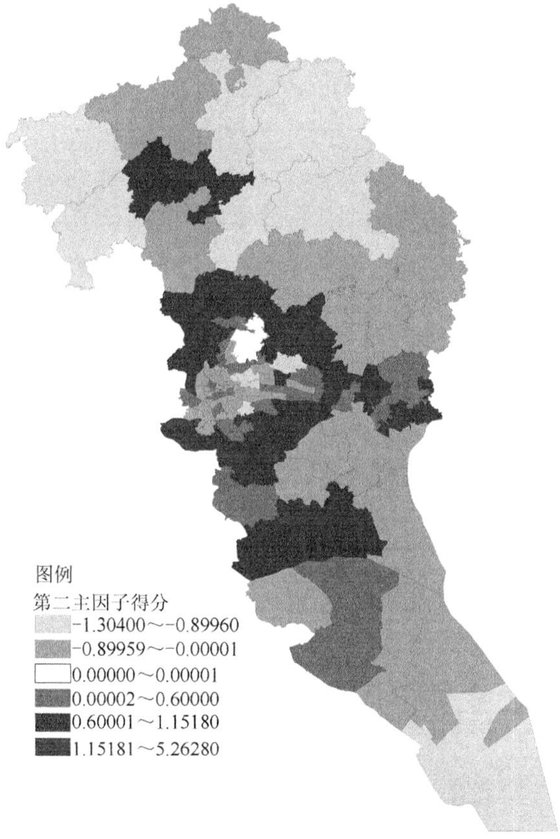

图 3-3　第二主因子分布图（2000 年）

成为外来产业工人和普通商服业者的相对聚居地，绝大部分为劳动年龄人口且从事普通商服业或生产性行业，居住条件多为普通新建商品房。

3. 第三主因子：旧城老年家庭状况

第三主因子特征值为 10.521，解释变量总方差的贡献率为 15.030%，主要反映了 27 个变量的信息，与表征老年人口、老年家庭结构、住房条件、住房来源的变量及老年人口生活来源等变量呈较强正相关。其中，人口基本状况中，该因子与“60 岁及以上人口数”指标呈强相关关系，与“户籍人口、非农户口”等指标呈较强相关关系，表明该因子与老年人口相关联；家庭结构中与“三代户家庭”指标呈较强相关关系，对于老年人口状况，该因子与“有一个、两个 60 岁及以上老年人口的家庭户户数”等指标均呈强相关关系，与老年人口主要生活来源为“退休金”指标强相关；家庭住房状况上，住房来源与“租用公有住房”指标呈强相关，与“购买公有住房”指标呈相关关系，住房条件上与“人均住房建筑面积”呈较强负相关，与“8 m^2 以下及 8～12 m^2 以下人均住房面积家庭户数、租金 50～100 元以下、20～50 元以下、住房年代为 1949—1959 年、1960—1969 年、1949 年前户数”等指标呈强相关关系，与“12～16 m^2 以下及 16～19 m^2 以下人均住房面积家庭户数、租金 100～200 元以下、住房年代为 1980—1990 年、1970—1979 年户数”等指标呈相关关系，表明此类区域人群是租用小面积低租金公有住房为主，住房建成时间久远，多为建于计划经济时代甚至是中华人民共和国成立前的老旧房子；受教育程度上，该因子与“高中受教育人口”呈较强相关。综合以上分析，该因子所反映的是离退休老人家庭和较旧公房的信息特征，因此本主因子概括为旧城老年家庭状况因子。

从分布上看（见图 3-4），第三主因子得分高的地区主要集中在老城区的海珠区、越秀区和荔湾区部分老龄化水平高的街区，包括海珠区龙凤街、海幢街、南石头街、江南中街、昌岗街和越秀区珠光街、大新街、大东街、人民街及荔湾区华林街、岭南街、逢源街等，得分第二等级的街区也主要为海珠区、越秀区和荔湾区，属于老城区的部分街区，说明老城区内集聚了离退休老年人口且住房老旧，因子得分越高的区域，住房建成时间越久远，老龄化程度越高。该因子得分为较高负值的街镇是天河区的天园街、冼村街、猎德街和白云区原雅瑶镇、萝岗镇及黄埔区的原夏港街、大沙镇等，说明这些街镇是广州市经济技术开发和发展新区，大量年轻人口集聚，老龄化程度低，住房多为新建商品房。

4. 第四主因子：文化教育水平

第四主因子特征值为 8.601，解释变量总方差的贡献率为 12.287%，主要反映了 20 个变量的信息，与表征受教育程度、职业结构、住房条件、住房来源的变量

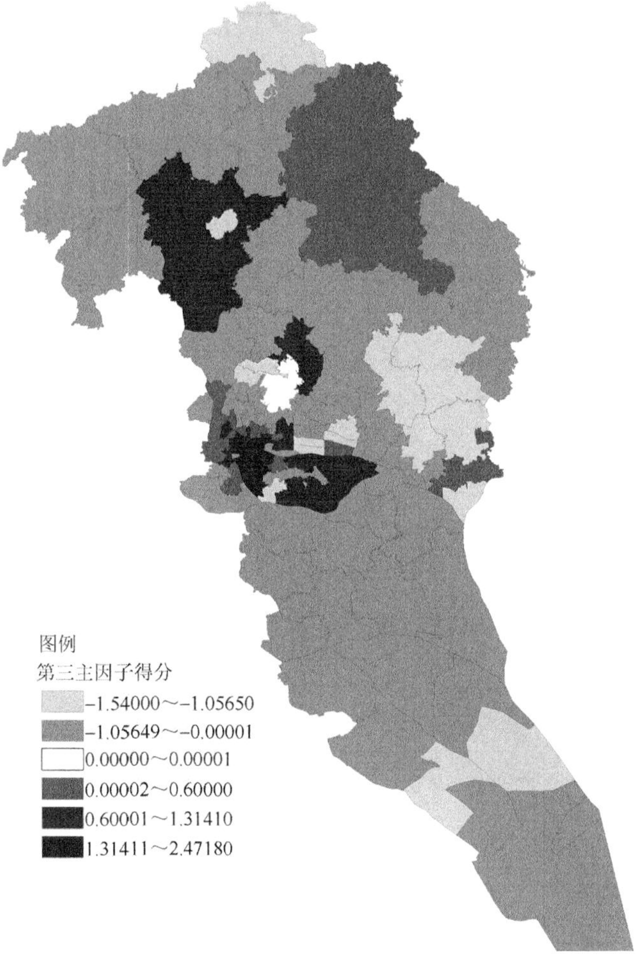

图3-4 第三主因子分布图（2000年）

呈较强正相关。其中，人口基本状况与“非农户口”呈较强相关关系；受教育程度上，该因子与“大学本科受教育人口数、大学专科受教育人口数、研究生受教育人口数”等指标强相关，表明该因子与高等教育强相关，与“中专、高中受教育人口数”相关；职业结构方面，该因子与“专业技术人员人数、办事人员和有关人员人数”呈强相关，与“国家机关、党群组织、企事业单位负责人人数”呈较强相关关系，表明该因子与科技人员和国家公职人员强相关；家庭住房状况上，住房来源与“购买公有住房”指标强相关，与“租用公有住房”指标呈相关关系，住房条件上与“租金1 500～2 000元以下、2 000元以上”等指标呈强相关关系，与“19～29 m^2以下、16～19 m^2以下和29～39 m^2以下人均住房面积家庭户数”等指标呈相关关系，表明此类区域人群是购买或租用面积较宽敞等条件较好的公有住房为主。综合以上分析，该因子主要反映的是学历水平高且收入较高行业人员的信息特征，因此本主因子概括为文化教育水平因子。

从分布上看（图 3-5），第四主因子得分高的地区主要集中在中心城区的石牌街、五山街、新港街、天河南街、黄花岗街、三元里街、登峰街、林和街、东湖街、赤岗街和农林街等街道，其中以天河区的石牌街（5.60）、五山街（3.34）和海珠区的新港街（2.86）得分值最高，这三个街道是广州市高等院校分布最集中的街道，大量从事教育和科研活动的教职人员和在校学生聚集于此，其他得分较高的街道或集中了众多高校、科研院所，或是众多政府机关和事业单位所在地，从事教育科研事业的专业技术人员和政府行政工作人员较多，街区内居民文化教育水平较高，住房多以居住条件较好的公有住房为主。

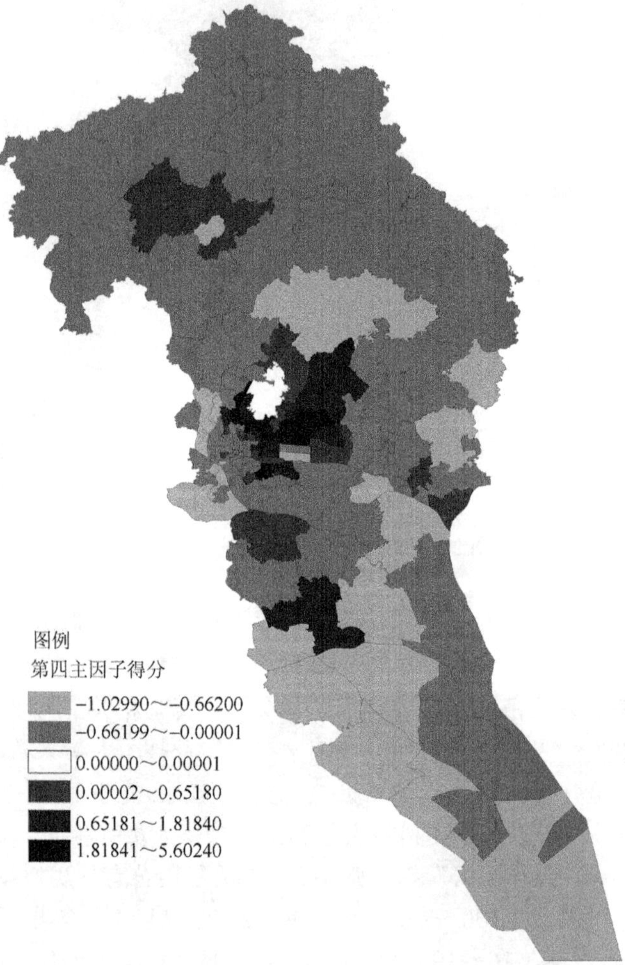

图 3-5　第四主因子分布图（2000 年）

5. 第五主因子：城市户籍家庭状况

第五主因子特征值为 3.648，解释变量总方差的贡献率为 5.211%，主要反映了 15 个变量的信息，与表征住房来源、住房条件、职业结构的变量呈正相关。其中，人口基本状况与“非农户口”呈较强相关关系，与老年人口主要生活来源为“退休金”指标正相关；受教育程度上，该因子与“高中受教育人口数”相关；职业结构方面，该因子与“国家机关、党群组织、企事业单位负责人人数、专业技术人员人数、办事人员和有关人员人数”正相关，与“农林牧渔水利生产人员人数”呈负相关，表明该因子与政府、企事业单位工作人员相关；家庭住房状况上，住房来源与“购买商品房、购买公有住房、购买经济适用房”指标呈较强相关关系，住房条件上与“16～19 m^2 人均住房面积家庭户户数”指标呈较强相关关系，与“19～29 m^2 人均住房面积家庭户数、住房年代为 1980—1990 年户数”等指标呈正相关关系，与“租房费用为 20 元以下、住房年代为 1949 年前家庭户户数”等指标呈负相关关系，表明此类区域人群以购买 20 世纪八九十年代普通条件的商品房或公有住房为主。综合以上分析，该因子所反映的是政府、企事业单位普通工作人员尤其是国有企业单位人员的信息特征，因此，本主因子概括为城市户籍家庭状况因子。

从分布上看（图 3-6），第五主因子得分高的地区主要集中在花都区原新华镇和番禺区市桥街及白云区的同德街、景泰街和海珠区的昌岗街、江南中街、沙园街和赤岗街及原芳村区的一些街道等。新华镇和市桥街分别为花都和番禺的区政府所在地，是各自行政区域的政治和经济中心，汇集了众多政府机关和企事业单位住宅区和普通商品房住宅；白云区、海珠区和原芳村区得分较高的街道或为大型企业搬迁住宅区或是原国有企业单位住宅较为集中的街区，国企单位的普通办事人员较多，街区内居民文化教育水平一般，住房多以普通条件的商品房或公有住房为主。

3.2.2　2000 年广州市老年人口社会空间地域类型划分

以上述因子分析得到的 5 个主因子在各街区上的得分为基本数据矩阵做聚类分析，对广州市老龄化地区进行地域类型划分。采用系统聚类法，选用平方欧氏距离（Squared Euclidean Distance）和离差平方和法（sum of squares of deviations）作为距离测度方式和计算类间距离方式，运算结果输出树状聚类图，经反复实验，判断广州市老年人口社会空间地域类型分为 6 类比较合适。再计算各类型区在 5 个主因子成分间平方和均值和平均值（表 3-3）来判断老年人口社会空间地域类型区的特征，并根据因子分析所使用指标反映的老年人口信息特征，综合考虑地区历史发展过程，结合实地考察情况来给 6 类老年人口社会空间类型区命名。各类型区的主要特征描述如下，空间分布如图 3-7 所示。

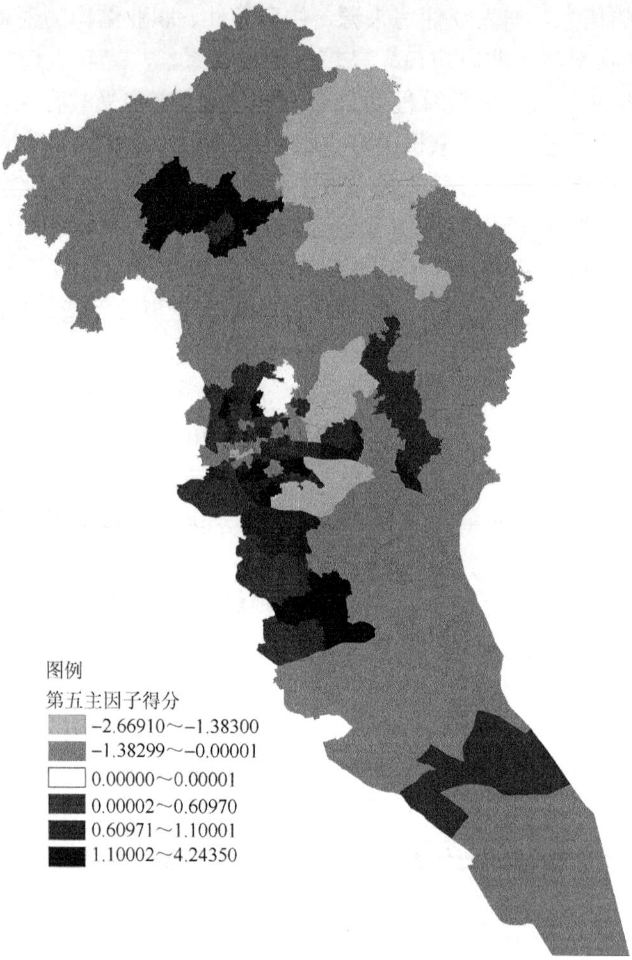

图 3-6　第五主因子分布图（2000 年）

表 3-3　2000 年广州市老年人口社会空间地域类型区特征判别

分类	包含街道数目	项目	第一主因子	第二主因子	第三主因子	第四主因子	第五主因子
1	22	平方和均值	0.384	0.055	2.391	0.191	0.617
		均值	−0.570	−0.136	1.441	−0.281	−0.422
2	30	平方和均值	0.233	0.352	0.659	0.585	0.855
		均值	−0.374	−0.427	0.321	0.162	0.752

续表

分类	包含街道数目	项目	第一主因子	第二主因子	第三主因子	第四主因子	第五主因子
3	7	平方和均值	1.862	0.671	0.690	0.350	0.610
		均值	0.744	−0.771	−0.642	−0.577	−0.591
4	36	平方和均值	0.078	0.516	0.431	10.360	1.183
		均值	−0.062	−0.267	−0.524	3.014	−0.616
5	2	平方和均值	0.706	2.484	0.693	0.424	0.625
		均值	−0.093	1.028	−0.632	−0.238	−0.071
6	25	平方和均值	16.370	1.233	0.893	1.106	17.087
		均值	3.976	1.109	0.535	0.805	4.132

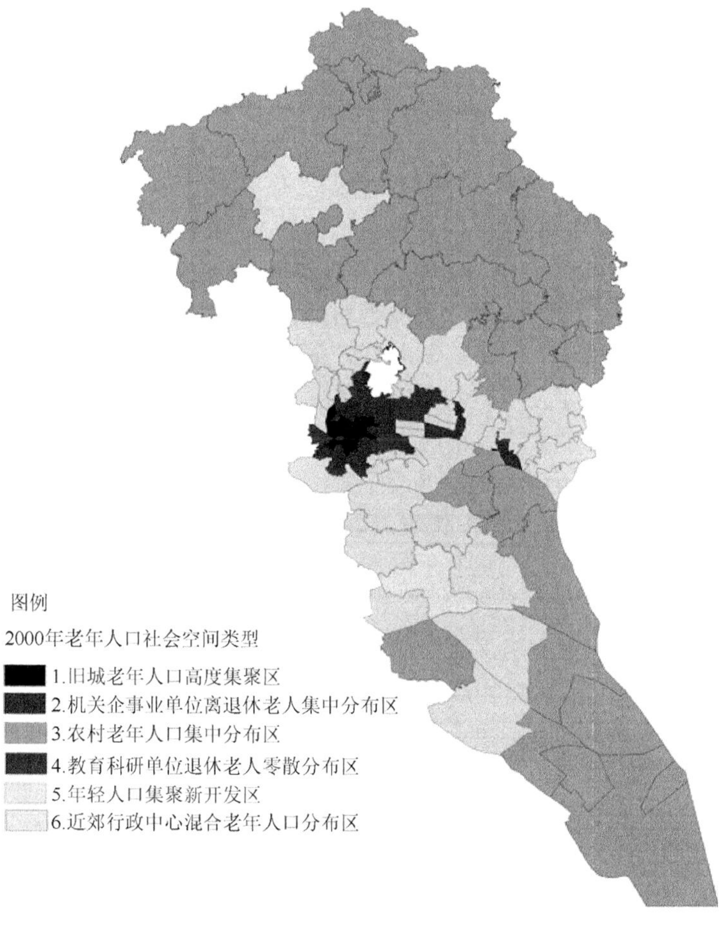

图 3-7　2000 年广州市老年人口社会空间类型分布图

第一类型区：该类型区在第三主因子即旧城老化因子的表现很突出，平方和均值和均值都为高的正值，表明该类型区老龄化程度严重，住房建成时间久远；第一主因子即农业户籍家庭状况因子的均值为较高的负值，反映该类型区为非农户家庭；第五主因子平方和均值较高且均值为负，表明该类型区内为政府和企事业单位以外人员或不在业人员为主，商品房比例较少。在空间分布上，该类型区集中分布在老城区内，主要包括了海珠区龙凤街、海幢街、南华西街、南石头街、滨江街和越秀区珠光街、大新街、大东街、人民街及荔湾区华林街、岭南街、逢源街等22个街道。这些老城区街道内集聚了大量老年人口，老龄化程度高，老年人口主要生活来源为退休金，家庭结构多为有一个、两个60岁及以上老年人口的三代户家庭，家庭住房是租用小面积低租金且设施老旧的公有住房为主，另外老城区作为广州传统的商贸服务区，同时也聚居了大量从事商业服务行业的人员，如个体工商户、私营企业主等。综上所述，可将此类型区命名为：旧城老年人口高度集聚区。

第二类型区：该类型区在第五主因子即城市户籍家庭因子的平方和均值和均值都为较高的正值，表明该类型区是政府机关和企事业单位住宅较为集中的街区，以政府、企事业单位工作人员为主，住房多以居住条件较好的公有住房或普通商品房为主。第三、四主因子即老年家庭和文化教育水平因子值也都为正值，表明该类型区内老年家庭特征明显，居民文化教育水平较良。在空间分布上，该类型区集中分布在中心城区内（除黄埔街外），主要包括了原东山区的街道和海珠区赤岗、昌岗、江南中、素社、沙园和越秀区东风、洪桥、六榕、流花和荔湾区彩虹、站前、西村、沙面和原芳村区茶滘、冲口、白鹤洞及天河区、黄埔区和白云区等30个街道。这些街道集中分布着广东省和广州市政府机关事业单位和原国有企业单位，周边早期建设的公有住房内聚居了大量政府和企事业单位工作人员，原国有企业单位的聚集地如芳村的西村、白鹤洞和天河的员村工业区，住房多为20世纪八九十年代建设的企业单位房，随着人口自然加龄的影响，原来的工作人员中离退休的老年人口数量逐渐增加。综上所述，可将此类型区命名为：机关企事业单位离退休老人集中分布区。

第三类型区：该类型区在第一主因子即农业户籍家庭状况因子上表现最突出，平方和均值与均值都为高的正值，表明该类型区为农村地区，农业人口比例大，老年家庭户数较多且家庭结构规模较大，人口受教育程度较低，住房以农村自建为主；第二、三、四、五主因子平方和均值较高而均值为负，表明该类型区开发程度较低，外来人口少，也无政府机关和企事业单位，老龄化程度也较低，大部分都未成为老年型地区。在空间分布上，该类型区主要集中在城市近远郊的镇区，包括番禺区、花都区和白云区大部分镇街共25个镇街。这些镇街为传统的农业大镇，仍然基本保留农业生产生活方式特征，集聚大量农业人口，城市开发范围基本未到达该地区，外来人口少，受人口自然加龄的影响，老年人口数量逐渐增加，同时因为生育政策影响而导致少年人口比例比其他城市地区高。综上所述，可将此类型区命名为：农村老年人口集中分布区。

第四类型区：该类型区在第四主因子即文化教育水平因子上的表现最突出，平方和均值和均值都为最高正值，表明该类型区是教育科研事业单位住宅较为集中的街区，以从事教育和科研活动的专业技术人员为主，街区内居民文化教育水平最高，收入较高，住房条件也较好；另外其他主因子平方和均值较高而均值为负，表明该类型区不是新开发区，外来人口不多，住房多为非新建住房，离退休老年人口数量不多，区内居民收入和居住条件与第二类型区的企事业单位人员有较大差别。在空间分布上，该类型区主要分布在天河区五山、石牌、林和、天河南、登峰和海珠区新港街及白云区三元里 7 个街道。这些街道集中分布了众多广州市高等院校和科研院所，大量从事教育科研事业的专业技术人员聚集于此。街区内居民文化教育水平为高等教育以上水平，住房多以面积较宽敞等条件较好的公有住房为主。综上所述，可将此类型区命名为：教育科研单位退休老人零散分布区。

第五类型区：该类型区在第二主因子即城市开发状况因子上表现最突出，平方和均值与均值都为高的正值，表明该类型区开发程度高，外来人口比例大，区内居民绝大部分为劳动年龄人口，受教育程度以中等教育为主，住房多为新建商品房；第三主因子平方和均值较高而均值为负，表明该类型区与老城区有反差，即街区为新开发区，以较年轻的劳动年龄人口为主，老年家庭特征不明显。在空间分布上，该类型区主要集中在中心城区外围或城市近郊的街镇，包括天河区原沙河镇、原东圃镇、海珠区原新滘镇、白云区原同和镇、萝岗区东区街和黄埔大部分镇街及其他街道共 35 个街镇。这些街镇是 20 世纪 90 年代广州市经济技术开发最快速的地区，聚居此地的大量外来产业工人和普通商服业者中，年轻的外来劳动年龄人口成为主流，老年人口数量少。综上所述，可将此类型区命名为：年轻人口集聚新开发区。

第六类型区：仅包括番禺区市桥街和花都区原新华镇。5 个主因子平方和均值和均值都为较高的正值，表明该类型区既是政府、企事业单位住宅较为集中的街区，街区内政府、企事业单位工作人员比例较高；同时又存在明显具备农业生产生活方式特征的农村地区，聚集较多农业人口，农民以自建住房为主；第二和第四主因子平方和均值和均值也都为较高的正值，表明该类型区也是城市开发地区，区内居民受教育程度较高；第三主因子平方和均值和均值为较低正值，反映其老年家庭特征一般为中等水平。新华镇和市桥街分别为花都和番禺的区政府所在地，是各自行政区域的政治和经济中心，汇集了众多政府机关和企事业单位住宅区和普通商品房住宅；同时，这两个镇街也是传统的农业大镇，农业人口比例较大，农村地区特征也较明显。综上所述，可将此类型区命名为：近郊行政中心混合老年人口分布区。

3.3 2010年广州市老年人口社会空间结构

采用和2000年同样的分析方法，用SPSS16.0软件对2010年的148×71个原始数据矩阵进行不作旋转的主成分分析，得到成分与变量之间的载荷矩阵，系统自动选取9个主因子，其解释方差累计百分比为87.309%。但是所要求的KMO和Bartlett的球形检验值缺失，说明作因子分析的条件不理想，解决的方法是先对原始数据矩阵进行降维处理，删除了信息含量较少的变量指标“家庭月租房费用500～1 000元、1 000～1 500元、1 500～2 000元、2 000～3 000元和3 000元以上户数”之后，得到148×66的数据矩阵，这时对该矩阵进行KMO和Bartlett的球形度检验所得到的结果是：KMO值为0.855、Bartlett检验系数小于0.05，说明对这些变量进行因子分析是比较适合的。

再次用SPSS对148×66个原始数据矩阵进行不做旋转的主成分分析，得到成分与变量之间的载荷矩阵。根据因子分析的碎石图（图3-8）可以看出，特征值变化曲线在第5点之后变化趋于平缓，因此初步判断选取最前5个主因子进行分析较为合适，提取出的5个主因子累积解释方差达到81.038%，解释了全部变量八成以上的信息。

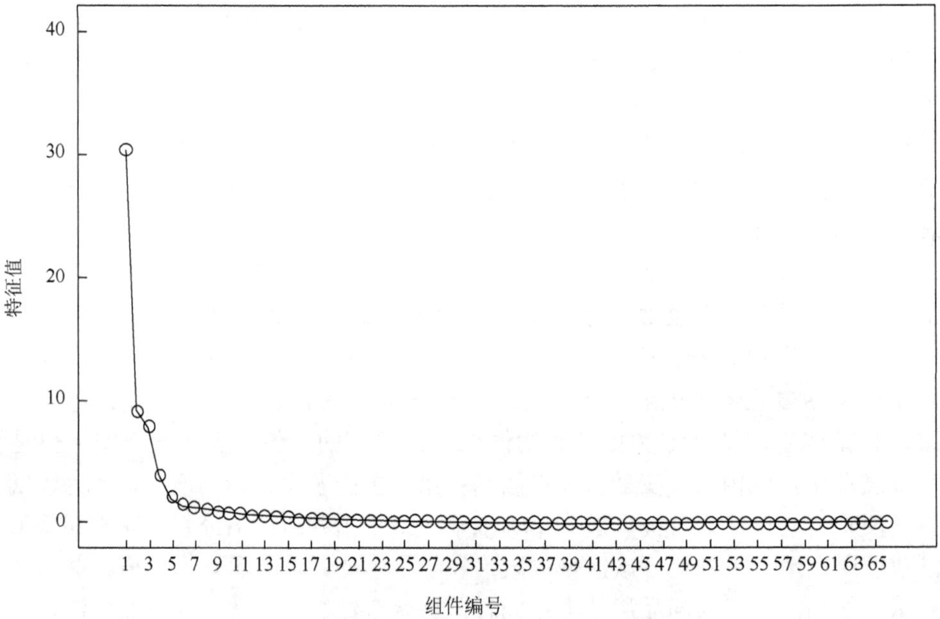

图3-8 因子分析碎石图（2010年）

由于经上述快速分析后各主因子的相关变量构成不够清晰，为取得均匀的因子分布，进一步采用旋转的方法指定提取 5 个主丙子，经过各种旋转方法实验，选定 Varimax 最大方差法进行正交旋转，经 9 次迭代完成数据处理后，得到较为清晰的因子结构，主因子中各变量的关系明确，能较好地反映出老龄化地区社会空间结构的特点（表 3-4）。下面分析每个主因子主要反映的变量特征并加以命名。

表 3-4　5 个主因子特征值和方差贡献率（2010 年）

成分	初始特征值			提取平方和载入			旋转平方和载入		
	合计	方差贡献值/%	累积贡献值/%	合计	方差贡献值/%	累积贡献值/%	合计	方差贡献值/%	累积贡献值/%
1	30.572	46.321	46.321	30.572	46.321	46.321	20.887	31.647	31.647
2	9.138	13.846	60.167	9.138	13.846	60.167	12.810	19.409	51.056
3	7.829	11.861	72.029	7.829	11.861	72.029	11.747	17.798	68.854
4	3.881	5.880	77.909	3.881	5.880	77.909	5.296	8.025	76.879
5	2.065	3.129	81.038	2.065	3.129	81.038	2.745	4.159	81.038

3.3.1　2010 年广州市老年人口社会空间结构主因子分析

经以上步骤得到的因子载荷矩阵，以多数地理学角度的因子分析采用的 0.400 为选取标准，以此界定载荷在 0.400 以上的指标为具重要性的指标，然后计算出所有成分载荷的绝对值的平均值为 0.31，界定载荷在 0.31 以上的指标为次重要性的指标，并在主因子载荷矩阵中标出。根据荷载矩阵中各指标的特征，分析影响 2010 年广州市老龄化地区社会空间结构的因子主要包括以下 5 个主因子。

1. 第一主因子：城市户籍家庭状况

第一主因子特征值为 20.887，解释变量总方差的贡献率为 31.647%，主要反映了 43 个变量的信息，与重要表征变量均为正相关。其中，人口基本状况中，该因子与“非农户口、户籍人口、老年人口、常住本地人口”和“二代户、三代户、家庭人数”等指标呈很强正相关关系，与“家庭户数、0～14 岁人口、总人口数、15～59 岁人口数”等指标呈强相关关系，说明该因子与城市户籍及二代、三代家庭户类别的人口相关联；对于老年人口状况，该因子与“有 60 岁及以上老人家庭户数”和老年人口主要生活来源为“离退休养老金”等指标呈强相关关系；职业结构方面，该因子与“专业技术人员人数、办事人员和有关人员人数”呈很强相关，与“商业服务业人员人数、国家机关、党群组织、企事业单位负责人人数”呈强相关关系，表明该因子与科技人员和国家公职人员及从事商服业人员强相关；家庭住房状况上，该因子与“购买商品房、购买二手房”和“29～39 m^2 以下、39～49 m^2 以下、49～59 m^2 以下人均住房面积家庭户数”等指标呈很强相关关系，与“购买公房”“16～19 m^2 以下、19～29 m^2 以下、59～69 m^2 以下及 70 m^2 及以上人均住房面积家庭户数”、“住房年代为 1980—1989 年、1990—2000 年、1970—1979 年户数”等指标呈强相关关系，表明此类区域人群是购买面积宽敞、年代较新等条件较好的商品房或公有住房为主，因此其家庭收入较高；受教育程度上，该因子与“大学专科、高中受教育人口数”呈强相关，说明此类区域人群以中高等教育水平为主。综合以上分析，该因子所反映的是城市户籍家庭的信息特征，因此概括为城市户籍家庭状况因子。

从分布上看（图 3-9），第一主因子得分第一等级的地区有花都区的新华街和番禺区的市桥街，这两个街道分别为花都区和番禺区的行政中心，汇集了众多政府机关和企事业单位工作人员，城市户籍人口比例较大；得分第二等级的街镇包括海珠区的赤岗、南石头、昌岗、龙凤、新港、瑞宝、江南中、凤阳等街道和天河区的棠下、石牌街道和越秀区的梅花村、黄花岗、东湖等街道，这些街道聚居了大量政府、企事业单位工作人员，以城市户籍家庭户为主，住房以商品房或公有住房为主。

2. 第二主因子：农业户籍家庭状况

第二主因子特征值为 12.810，解释变量总方差的贡献率为 19.409%，主要反映了 33 个变量的信息，与重要表征变量均为正相关。其中，人口基本状况中，该因子与“四代户、三代户家庭”、“农业人口、常住本地人口、总人口、户籍人口、15～59 岁人口”等指标呈强相关关系，说明该因子与农业户籍及三代同堂以上家庭户类别的人口相关联；对于老年人口状况，该因子与老年人口主要生活来源为“劳动收入、最低生活保障金、家庭其他成员供养”、老年家庭为“一对老夫妇与未成年亲属的家庭户”等指标呈很强相关关系；职业结构方面，该因子与“农林牧渔水利生产人员人数”呈强相关；家庭住房状况上，该因子与“自建住房”呈很强相关关系，与“人均住房面积、70 m^2 及以上、59～69 m^2 以下、49～59 m^2 以下、39～49 m^2 以下人均住房面积家庭户数”等指标呈强相关关系；受教育程度上，该因子与“未上过学人口、小学受教育人口、初中受教育人口”呈强相关。综合以上分析，该因子所反映的是农业户籍及其老年人口的家庭信息特征，因此概括为农业户籍家庭状况因子。

从分布上看（图 3-10），第二主因子得分高的地区集中在城市近远郊的街镇，得分越高的区域，农业人口比例越高，越具备农业生产生活方式特征。其中，得分大于 3 的第一等级镇为白云区的钟落潭、江高和人和等镇及花都区花东镇，得分大于 1 的第二等级镇主要为分布在第一等级街镇周边的新华、狮岭、花山、太和等镇及番禺区的东涌、大岗、石楼、榄核、石碁等镇，这些镇为传统的农业大镇，集聚了大量的农业人口，家庭户数包括老年家庭户数均较多且家庭结构规模较大，人口受教育程度较低，住房以农村自建为主。

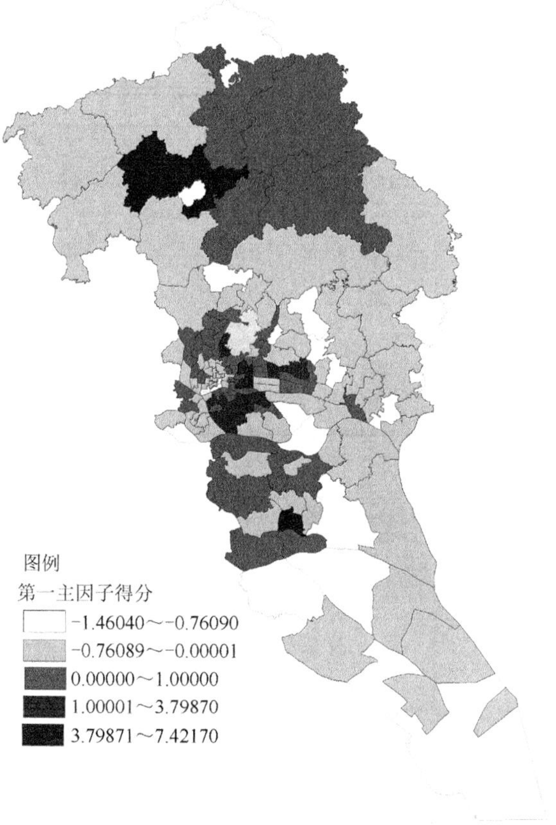

图 3-9　第一主因子分布图（2010 年）

3. 第三主因子：非户籍人口家庭状况

第三主因子特征值为 11.747，解释变量总方差的贡献率为 17.798%，主要反映了 28 个变量的信息，与表征非户籍人口、家庭结构、住房条件、住房来源的变量呈较强正相关。其中，人口基本状况中，该因子与“外来人口”呈很强相关关系，与“15～59 岁人口、农业人口、总人口”等指标呈较强相关关系，表明该因子与外来务工人口相关联；家庭结构中与“一代户家庭”等指标呈强相关关系，与“家庭户数、家庭人数”等指标呈较强相关关系，说明其家庭结构以青年单身人口为主；家庭住房状况上，住房来源与“租赁其他住房”指标呈很强相关关系，与“租赁廉租房”指标呈强相关关系，住房条件上与“12～16 m^2 以下人均住房面积家庭户数、租金 200～500 元以下、住房年代为 2000 年后住房家庭户户数”等指标呈很强相关关系，与“8 m^2 以下、19～29 m^2 以下及 8～12 m^2 以下人均住房面积家庭户数、租金 100～200 元以下、住房年代为 1990—1999 年住户家庭户户数”等指标呈强相关，表明此类区域人群是租用小面积的新建商品房为主；受教育程度上，该因子与“初中、高中受教育人口数”呈强相关，表明该因子与中等教育相关联；职业结构方面，该因子与“生产运输设备操作人员及有关人员人数、商业服务业人员人数”呈强相关，与“办事人员和有关人员人数、机关企事业单位负责人人数”呈较强相关。综合以上分析，该因子主要反映的是从事生产性行业和商业服务的外来务工普通收入人员及其家庭的信息特征，因此概括为非户籍人口家庭状况因子。

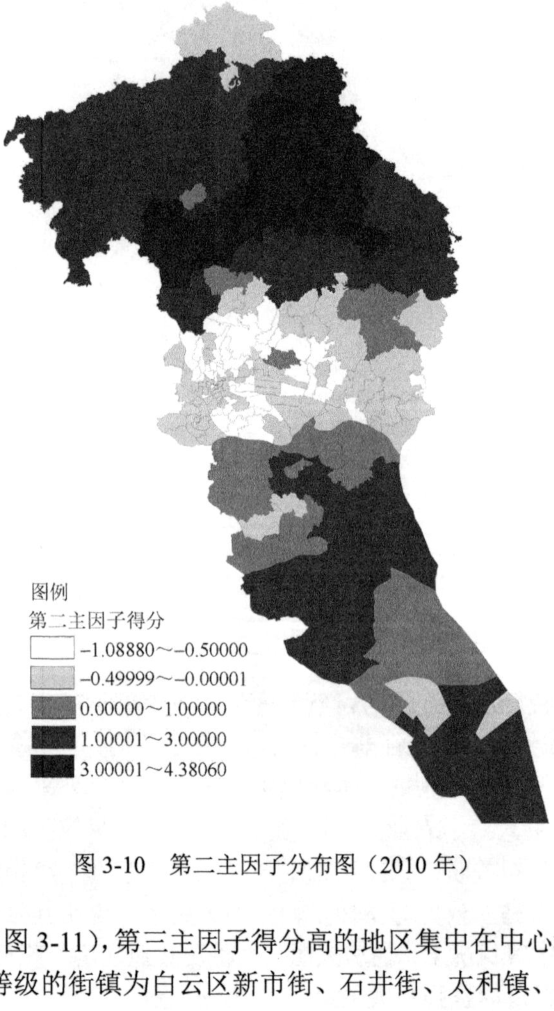

图 3-10　第二主因子分布图（2010 年）

从分布上看（图 3-11），第三主因子得分高的地区集中在中心城区外围的街镇，其中，得分第一等级的街镇为白云区新市街、石井街、太和镇、黄石街、均禾街、永平街，天河区棠下街和番禺区东涌镇及海珠区凤阳街等，得分第二等级的街镇主要为邻近第一等级以下的白云、番禺、海珠区部分街道及原萝岗和黄埔区的部分街道，这些街镇自新世纪以来工业或第三产业发展迅速，吸引了大量的外来人口，成为外来产业工人和普通商服业者的相对聚居地，绝大部分为劳动年龄人口且从事生产性行业或普通商服业，居住条件多为租赁普通新建商品房。

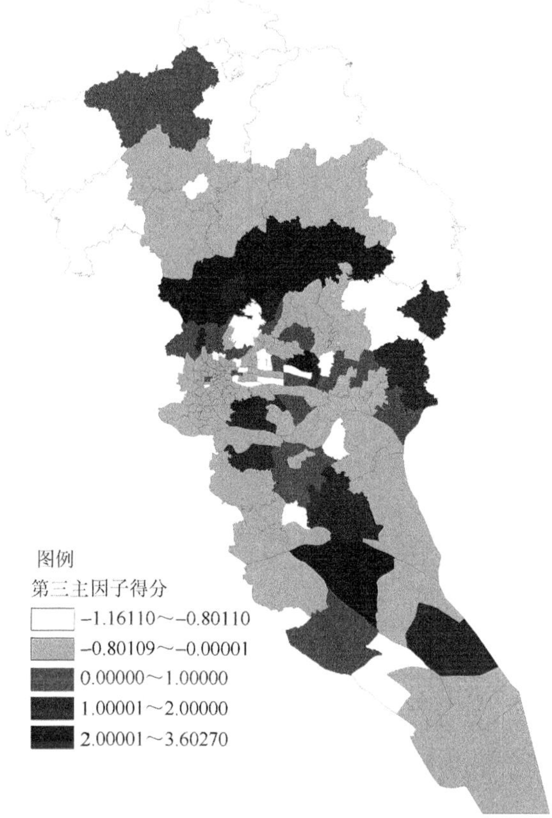

图 3-11 第三主因子分布图（2010 年）

4. 第四主因子：旧城老年家庭状况

第四主因子特征值为 5.296，解释变量总方差的贡献率为 8.025%，主要反映了 16 个变量的信息，与表征老年人口、老年家庭结构、住房年代、住房来源的变量及老年人口生活来源等变量呈较强相关。其中，人口基本状况中，该因子与“60 岁及以上人口数”指标呈强相关关系，表明该因子与老年人口相关联；对于老年人口状况，该因子与“有一个、两个 60 岁及以上老年人口的家庭户户数”等指标均呈强相关关系，与老年人口主要生活来源为“退休养老金”指标较强正相关，与老年人口主要生活来源为“财产收入”指标较强负相关，表明此类区域人群是以退休的老年家庭为主；家庭住房状况上，住房来源与“购买公有住房”指标相关，住房条件上与“人均住房建筑面积”负相关，与“8 m^2 以下人均住房面积家庭户数、租金 100 元以下、住房年代为 1949—1959 年、1960—1969 年、1949 年前家庭户户数”等指标呈强相关关系，表明此类区域人群是购买或租用小面积低租金公有住房为主，住房建成时间久远，多为建于计划经济时代甚至是解放前的老旧房子；职业结构方面，该因子与“国家机关、党群组织、企事业单位负责人人数”呈较弱负相关。综合以上分析，该因子所反映的是离退休老人家庭和较旧公房的信息特征，因此本主因子概括为旧城老年家庭状况。

从分布上看(图 3-12)，第四主因子得分高的地道主要集中在老城区的海珠区、越秀区和荔湾区部分老龄化水平高的街道，包括海珠区海幢街、龙凤街、江南中街、昌岗街、南石头街、南华西街、素社街和越秀区大东街、珠光街、大新街、

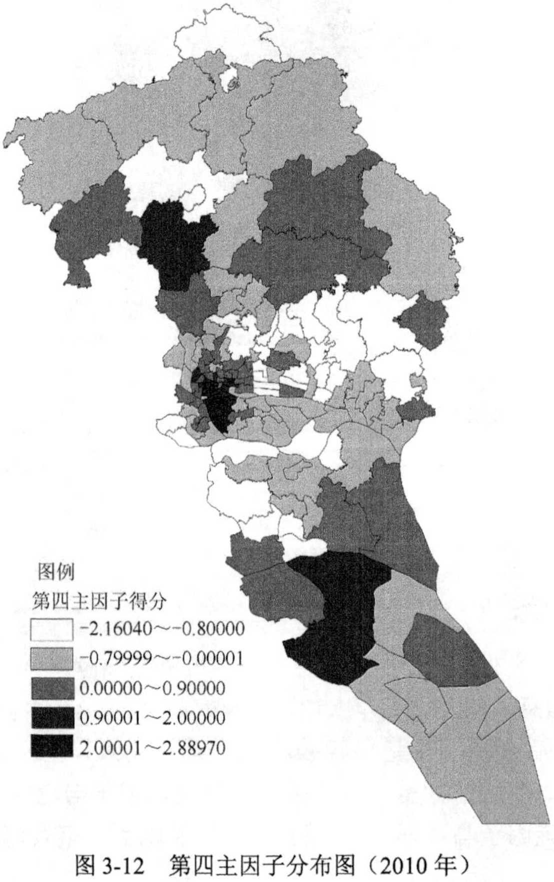

图 3-12　第四主因子分布图（2010 年）

人民街及荔湾区华林街、龙津街、岭南街、逢源街等，白云区江高镇得分也较高，得分第二等级的街道也主要为海珠区、越秀区和荔湾区属于老城区的部分街道，说明老城区内集聚了离退休老年人口且住房老旧，因子得分越高的区域，住房建成时间越久远，老龄化程度越高。该因子得分为较高负值的街道是花都区新华街和天河区的天园街、冼村街、猎德街和原萝岗区、番禺区的联和、萝岗、洛浦、钟村街等，说明这些街镇是广州市经济技术开发和发展新区，大量年轻人口集聚，老龄化程度低，住房多为新建商品房。

5. 第五主因子：文化教育水平

第五主因子特征值为 2.745，解释变量总方差的贡献率为 4.159%，主要反映了 7 个变量的信息，与表征教育程度、职业结构、住房条件、住房来源的变量正相关。其中，人口基本状况与“非农户口”相关；受教育程度上，该因子与“研究生受教育人口数、大学本科受教育人口数”等指标强相关，表明该因子与高等教育强相关，与“大学专科受教育人口数”相关；职业结构方面，该因子与“专业技术人员人数”呈较强相关；家庭住房状况上，住房来源与“购买公有住房”指标相关，住房条件上与“租金 100 元以下”指标相关，表明此类区域人群是购买公有住房为主。综合以上分析，该因子主要反映的是学历水平高的专业技术人员的信息特征，因此本主因子概括为文化教育水平因子。

从分布上看(图 3-13)，第五主因子得分高的地区主要集中在中心城区的五山、石牌、新港、棠下、黄花岗、梅花村、农林、龙洞、赤岗和三元里等街道，番禺区的小谷围街得分也高，其中以天河区的五山街（6.83）、石牌街（4.45）、棠下街（2.21）和番禺区的小谷围街（5.64）和海珠区的新港街（2.51）得分值最高。这些街道是广州市高等院校分布最集中的街道，大量从事教育和科研活动的教职人员和在校学生聚集于此，其他得分较高的街道或集中了众多高校、科研院所，或是众多政府机关和事业单位所在地，从事教育科研事业的专业技术人员和政府行政工作人员较多，街区内居民文化教育水平较高，住房多以居住条件较好的公有住房为主。

3.3.2 2010 年广州市老年人口社会空间地域类型划分

以上述因子分析得到的 5 个主因子在各街区上的得分作为基本数据矩阵做聚类分析，对广州市老年人口社会空间进行地域类型划分。采用系统聚类法，选用平方欧氏距离和离差平方和法作为距离测度方式和计算类间距离方式，运算结果输出树状聚类图（略），经反复实验，判断广州市老年人口社会空间地域类型分为 6 类比较合适。再计算各类型区在 5 个主因子成分间平方和均值和平均值（表 3-5）来判断老年人口社会空间地域类型区的特征，并根据因子分析所使用指标反映的老年人口信息特征，综合考虑地区历史发展过程，结合实地考察情况来给 6 类老年人口社会空间类型区命名。各类型区的主要特征描述如下，空间分布如图 3-14 所示。

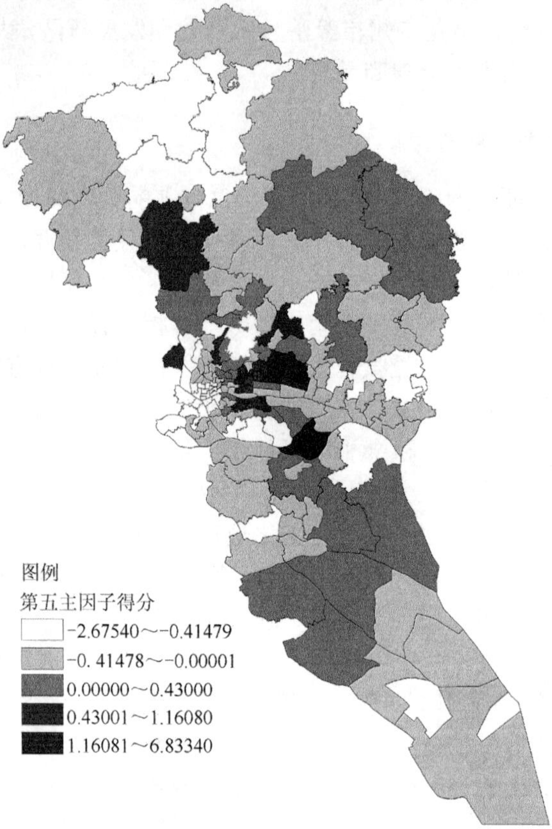

图 3-13 第五主因子分布图（2010 年）

表 3-5 2010 年广州市老年人口社会空间地域类型区特征判别

分类	包含街道数目	项目	第一主因子	第二主因子	第三主因子	第四主因子	第五主因子
1	20	平方和均值	0.3818	0.2109	0.1381	2.5103	0.2031
		均值	–0.2394	–0.4526	–0.2809	1.4418	–0.3928
2	32	平方和均值	1.2461	0.2598	0.4224	0.9265	0.4596
		均值	0.5748	–0.4850	–0.5993	0.5437	0.1060
3	3	平方和均值	1.2767	0.0860	0.3190	0.4753	32.7736
		均值	0.0179	0.0813	0.0372	–0.2091	5.6416

续表

分类	包含街道数目	项目	第一主因子	第二主因子	第三主因子	第四主因子	第五主因子
4	43	平方和均值	0.3621	0.1887	0.3459	0.9273	0.2080
		均值	–0.2675	–0.1864	–0.3589	–0.8801	–0.0785
5	32	平方和均值	0.6100	0.9956	3.2788	0.4608	0.3334
		均值	–0.0722	–0.0496	1.5963	–0.1208	–0.1334
6	18	平方和均值	3.3647	5.2353	0.5540	0.6167	0.5721
		均值	0.0085	1.8849	–0.6090	–0.2165	–0.2676

第一类型区：该类型区在第四主因子即旧城老化因子的表现很突出，平方和均值和均值都为高的正值，表明该类型区老龄化程度严重，住房建成时间久远；第一主因子即城市户籍家庭状况因子的平方和均值较高且均值为正，表明该类型区内多为城市户籍人口家庭且以企事业单位普通工作人员和从事商服业人员为主。在空间分布上，该类型区集中分布在老城区内，主要包括了海珠区龙凤街、海幢街、南华西街和越秀区珠光街、大新街、大东街、人民街及荔湾区华林街、岭南街、逢源街等 20 个街道。这些老城区街道内集聚了大量老年人口，老年人口主要生活来源为退休金，家庭结构多为有一个、两个 60 岁及以上老年人口的二代、三代户家庭，家庭住房是租用小面积低租金且设施老旧的公有住房为主，另外老城区作为广州传统的商贸服务区，同时也聚居了大量从事商业服务行业的人员，如个体工商户、私营企业主等。综上所述，可将此类型区命名为：旧城老年人口高度集聚区。

第二类型区：该类型区在第一主因子即城市户籍家庭状况因子上的表现最突出，平方和均值和均值都为很高的正值，表明该类型区以城市户籍人口家庭特征突出；第五主因子文化教育水平的平方和均值和均值为较高正值，表明该类型区是政府机关和企事业单位住宅较为集中的街区，以政府、企事业单位负责人员或专业技术人员还有从事高端商业服务业人员为主，街区内居民受教育程度较好、收入较高，住房多为购买居住条件较好的商品房和普通公有住房为主，老年人口以离退休干部人员为主；第四主因子平方和均值和均值为较高正值，表明该类型区内老化程度也较深。第三主因子即非户籍家庭状况因子的均值为负，说明该类型区外来人口较少，开发程度较低。在空间分布上，该类型区集中分布在中心城区内（除黄埔街外），主要包括了越秀区农林、东湖、梅花村、黄花岗、东风、洪桥、流花，荔湾区彩虹、站前、西村、沙面、茶滘和海珠区赤岗街，番禺区市桥街，黄埔区黄埔街及天河和白云区部分街道等 32 个街道。这些街道集中分布着广东省和广州市或番禺区政府机关企事业单位，周边早期建设的公有住房和新开发建设的商品房小区内聚居了大量政府和企事业单位工作人员。综上所述，可将此类型区命名为：机关企事业单位离退休老人集中分布区。

第三类型区：该类型区在第五主因子即文化教育水平因子上的表现最突出，平方和均值和均值都为最高正值，表明该类型区是教育科研事业单位住宅较为集中的街区，以从事教育和科研活动的专业技术人员为主，街区内居民文化教育水平最高，收入较高住房条件也较好；第一和三主因子平方和均值较高且均值为正，表明该类型区内政府、企事业单位工作人员比例也较高，同时开发力度也较高，外来年轻人口较多；第四主因子均值为负，表明该类型区老年家庭特征不明显，老年人口少。在空间分布上，该类型区分布在天河区五山、石牌和番禺区小谷围街 3 个街道，小谷围街为广州大学城所在地，和另两个街道一样集中分布了众多广州市高等院校和科研院所，大量从事教育科研事业的专业技术人员和高校学生聚集于此，街区内居民文化教育水平为高等教育以上水平，住房多以面积较宽敞条件较好的公有住房为主。综上所述，可将此类型区命名为：教育科研单位退休老人零散分布区。

第四类型区：该类型区的第四主因子即旧城老化因子平方和均值最高，而均值为较高的负值，表明该类型区与老城区有较大反差，即发展历史较短，以较年轻的劳动年龄人口为主，老龄化程度轻，区内住房以新建为主。在空间分布上，该类型区主要分布在城市近郊区，包括番禺、黄埔和原萝岗区的大部分街道及处于中心城区边缘的荔湾、海珠、天河区原有镇调整划分的街道等共 43 个街道。综合来看，可将此类型区命名为：混合人口分布区。

第五类型区：该类型区在第三主因子即城市开发状况因子上表现最突出，平方和均值与均值都为高的正值，表明该类型区开发程度高，外来人口比例大，区内居民绝大部分为劳动年龄人口，文化教育程度以中等教育为主，住房多为新建商品房；第一、二、四、五主因子均值为负，表明该类型区与单位街区、农村镇区、老城区及教育科研区均有反差，即街区为新开发区，以较年轻的劳动年龄人口为主，老年人口少。在空间分布上，该类型区主要集中在中心城区外围近郊区，包括白云区南部大部分街道和番禺、原萝岗、黄埔、海珠、天河区部分街镇及南沙区南沙街等共 32 个街镇。这些街镇是广州市经济技术开发迅猛的地区，聚居此地的大量外来产业工人和普通商服业者中，绝大部分为年轻的劳动年龄人口，因而老龄化程度最轻。综上所述，可将此类型区命名为：年轻人口集聚新开发区。

第六类型区：该类型区在第二主因子即农业户籍家庭状况因子上表现最突出，平方和均值与均值都为高的正值，表明该类型区为农村地区，农业人口比例大，老年家庭户数较多且家庭结构规模较大，人口受教育程度较低，住房以农村自建为主；第三主因子平方和均值较高而均值为负，表明该类型区开发程度较低，外来人口少；第四主因子均值为较小负值，说明类型区内老年人口数量不多。在空间分布上，该类型区主要集中在城市近远郊的 18 个镇区，这些区域为传统的农业大镇，仍然基本保留农业生产生活方式特征，集聚大量农业人口，城市开发范围基本未到达，外来人口少。综上所述，可将此类型区命名为：农村老年人口集中分布区。

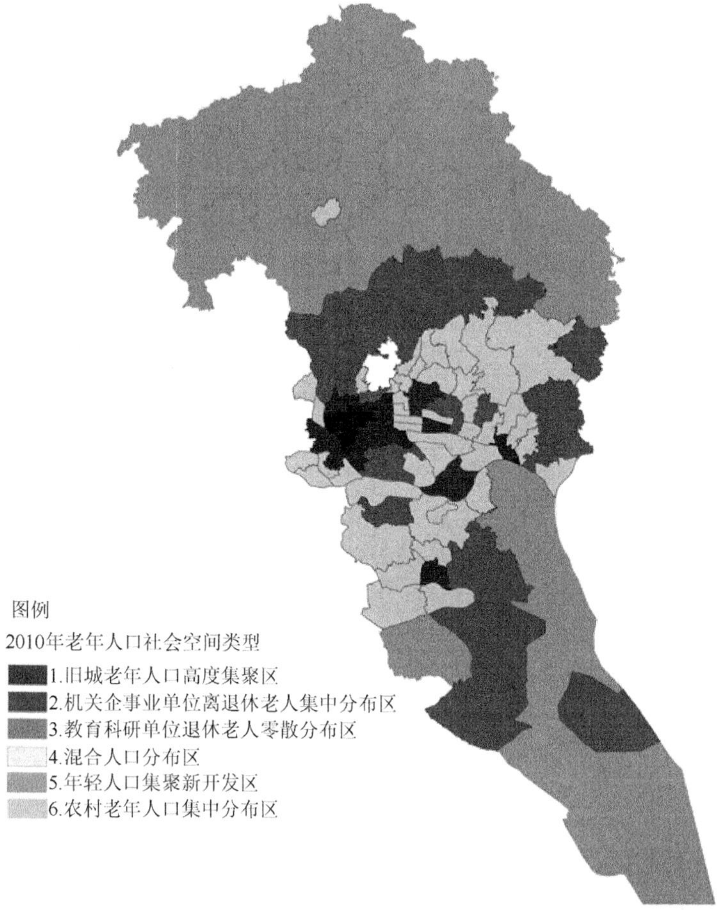

图 3-14　2010 年广州市老年人口社会空间类型分布图

3.4　老年人口社会空间结构变化特征

3.4.1　变量与因子变化比较

1. 变量比较

2000 年与 2010 年所采用的原始变量基本一致，但是在因子分析中最终采取的具体变量数目有所差异，原因在于对 2000 年选取的 70 个原始数据变量直接进行了主成分分析，而 2010 年的 71 个原始数据变量因初始不适合做因子分析必须进行降维处理，删除了信息含量较少的几个家庭月租房费用变量指标后，最终才对 66 个变量进行了分析。

2. 主因子数量不变且均为持续性因子

在选取基本相同的测算变量的情况下，十年间影响广州市老年人口社会空间结构的主因子较稳定且均为持续性因子。如表 3-6 所示，两次分析结果抽取的因子个数都为 5 个且都为共同的城市户籍家庭、农业户籍家庭、非户籍人员家庭、旧城老年家庭和文化教育水平等主因子，说明这 5 个主因子一直持续稳定地影响着广州市老年人口社会空间结构，因而也是对老龄化空间发展稳定持续起作用的主因子，十年来影响主因子变化不大。

表 3-6　2000 年与 2010 年广州老年人口社会空间结构主因子对比

老年人口社会空间结构主因子	主因子方差贡献率/%	
	2000 年	2010 年
农业户籍家庭状况	21.772	12.81
非户籍人口家庭状况	12.698	11.747
旧城老年家庭状况	10.521	5.296
文化教育水平	8.601	2.745
城市户籍家庭状况	3.648	20.887
总计	81.771	81.038

3. 主因子累积解释方差数值较高

提取出的 5 个主因子累积解释方差均达到 81%以上，说明十年来影响主因子集中度较高，因而说明两个年份的广州老年人口社会空间分异现象都很明显，因为主因子累积解释方差数值高说明城市融合程度低，因而社会特征的空间差异越大，因此老龄化空间分异也较显著。从 5 个主因子构成来看，户籍属性仍然是影响城市社会空间结构的重要因素。2000 年、2010 年主因子都包含户籍属性的最重要变量，户籍属性成为影响广州老年人口社会空间结构的最重要因素，原因在于，一是广州外来人口急速增长，日益成为总人口中不可或缺的一大部分，二是外来人口并非均匀分布在城市各区域，其明显的空间分布差异对城市的社会空间结构产生越来越重要的影响。

4. 主因子影响程度变化较大

由表3-6可看出，5个主因子的方差贡献率大小排列顺序发生了变化，说明其影响程度变化较大。其中，城市户籍家庭状况由2000年的第五主因子跃升为2010年的第一主因子，表明了具有城市户籍的政府、企事业单位人员家庭已然由次要影响因子变成为影响广州市老年人口社会空间结构的最主要因子，可见城市退休老年人口对老年人口社会空间影响地位和作用的大变化，也从侧面反映出城镇化进程对城市社会空间结构产生了较大的影响。其余主因子位次均由2000年顺序相应退后一位，说明农业户籍和外来年轻人口及老城区老年人口等因素对2010年老龄化空间分异的影响较2000年影响程度均有所减弱，体现2000年前城市近郊区域社会经济变革较为激烈的农业户籍和外来人口主因子因为城市开发区域向更广阔地域扩展而致使其对城市社会空间的影响退居其次。

3.4.2　老年人口社会空间地域类型变化特征

1. 类型区变化基本稳定延续

由表3-7可看出，2000年和2010年均为6种类型区，其中旧城老年人口高度集聚区、机关企事业单位离退休老人集中分布区、教育科研单位退休老人零散分布区、年轻人口集聚新开发区、农村老年人口集中分布区5个类型区是两个年份都共有的，而且所包含的街镇数量变化不大，说明大部分街镇所属的老年人口社会空间地域类型基本稳定，较少发生类型变化演化，这是由于城市住区发展的时空延续性所致。

表3-7　2000年与2010年广州市老年人口社会空间地域类型对比

年份	老年人口社会空间地域类型区	包含街镇数量/个	年份	老年人口社会空间地域类型区	包含街镇数量/个
2000年	旧城老年人口高度集聚区	22	2010年	旧城老年人口高度集聚区	20
	机关企事业单位离退休老人集中分布区	30		机关企事业单位离退休老人集中分布区	32
	教育科研单位退休老人零散分布街区	7		教育科研单位退休老人零散分布区	3
	年轻人口集聚新开发区	35		年轻人口集聚新开发区	32
	近郊行政中心混合老年人口分布区	2		农村老年人口集中分布区	18
	农村老年人口集中分布区	25		混合人口分布区	43
总计		121	总计		148

2. 混合人口分布类型区变化较大

2000年和2010年的类型区变化最明显的是，2000年仅包括番禺区市桥街和花都区原新华镇的近郊行政中心混合老年人口分布区在2010年的类型区中不再出现，而2010年出现了混合人口分布区的新类型区。番禺区市桥街因为城市开发进程加快而日益趋向城市区域的特征，因此发展演变成机关企事业单位离退休老人集中分布区类型；花都区原新华镇发展速度较慢，逐渐被归类于农村老年人口集中分布区中。2010年混合人口分布区的构成主要是来源于原芳村区东漖镇、天河区沙河镇和东圃镇，海珠区新滘镇，白云区同和镇、新市镇和石井镇，黄埔区大沙镇和番禺区市桥街等2000年后区划调整被拆分成的多个街道，如现今荔湾区的东漖、东沙、中南、海龙等街道，天河区的元岗、龙洞、前进、新塘、凤凰等街道，海珠区的华洲、官洲、琶洲等街道，白云区的京溪和金沙街道，等等，还有与这些街区邻近的街道，之前大多属于近郊农村地区，因为紧靠城区的地理区位优势，成为城市开发的热点地区，较多的外来年轻务工人员涌入使其人口构成日趋复杂，因此称之为混合人口分布区。混合人口分布区的扩展相应引起农村镇区的数目减少。

3. 中心城区内类型区街道有微小变化

与2000年相比，2010年旧城老年人口高度集聚区减少了两个街道：花地和滨江街道。因为城市房地产业在包括此两个街道的地理位置优越的城市中心地区形成开发热点，这些街区新建商品房数量较多，因此其从旧城类型区变成了机关企事业单位退休老人集中分布区类型。出于同样的城市开发原因，海珠区的新港街和番禺区的市桥街分别由教育科研单位退休老人零散分布区和近郊行政中心混合老年人口分布区类型演变成机关企事业单位退休老人集中分布区类型；天河区的车陂街和白云区的景泰街由机关企事业单位退休老人集中分布区类型演变成年轻人口集聚新开发区类型；原属教育科研单位退休老人零散分布区类型的天河区天河南、林和街和白云区三元里街及越秀区登峰街等演变成混合人口分布区或年轻人口集聚新开发区类型，因为大学城的建设，使2010年的教育科研单位退休老人零散分布区类型新出现了小谷围街这个知识分子聚居区。

3.5 小　　结

采用2010年、2000年人口普查数据，构建反映广州市老龄化人口社会结构属性的人口状况、老年人口状况、职业状况、住房状况和受教育程度等变量及包括老年人口社会结构属性的指标体系进行因子生态分析，分别提取出累积方差贡献率为 81.77%（2000 年）、81.04%（2010 年）的 5 个主因子，聚类分析划分广州市老年人口社会空间 6 个地域类型：旧城老年人口高度集聚区、机关企事业单位离退休老人集中分布区、教育科研单位退休老人零散分布街区、近郊行政中心混合老年人口分布区（混合人口分布区）、年轻人口集聚新开发区、农村老年人口集中分布区。

对比 2010 年、2000 年广州市老年人口社会空间结构变化，变量与因子变化具有主因子数量不变且均为持续性因子、主因子累积解释方差数值较高、主因子影响程度变化较大的特征，老年人口社会空间地域类型变化具有类型区变化基本稳定延续、混合人口分布类型区变化较大、中心城区内类型区街道有微小变化的特征。

第4章　广州市人口老龄化空间结构

本章首先采用地理图叠加方法将广州市人口老龄化空间分布图与老年人口社会空间结构图叠加分析，划分老龄化空间地域类型，而后分析老龄化空间结构变化特征，从而总结出老龄化空间结构演变模式。

4.1　2000年广州市人口老龄化空间结构

以第3章因子生态分析得到的2000年广州市老年人口社会空间地域类型为基础，与2000年广州市老龄化空间分布图（图2-4）叠加分析，将老龄化空间划分为老年型后期老城区、老年型初期企业单位街区、老年型初期机关事业单位街区、成年型教育科研单位街区、成年型近郊行政街区、成年型传统农村镇区、年轻型城市新开发区7类老龄化地域类型区，如图4-1所示。

4.1.1　老龄化地域类型构成与空间分布

1. 老年型后期老城区

老年型后期老城区类型共有20个街镇，占全市街镇总数的16.53%。该区域是老龄化程度最严重的区域，大部分街道老龄化程度超过14%，其中岭南街道的人口老龄化程度高达19.26%，为老年型街区；普通退休或低收入城市户籍老年人口高度集聚；住房多为年代久远的解放前老房或改革前政府公房。该类型街镇主要分布在老城区。

2. 老年型初期企业单位街区

老年型初期企业单位街区类型共有17个街镇，占全市街镇总数的14.05%。该区域多为早期工业集聚区及周围区域，原工厂企业退休职工集中居住于单位原配套建设的条件一般的公房或房改房，老龄化程度较严重，多数街区老年比均大于10%，站前街道人口老龄化程度高达16.27%，为老年型街区。该类型街镇主要分布于原芳村区和海珠区西南部。

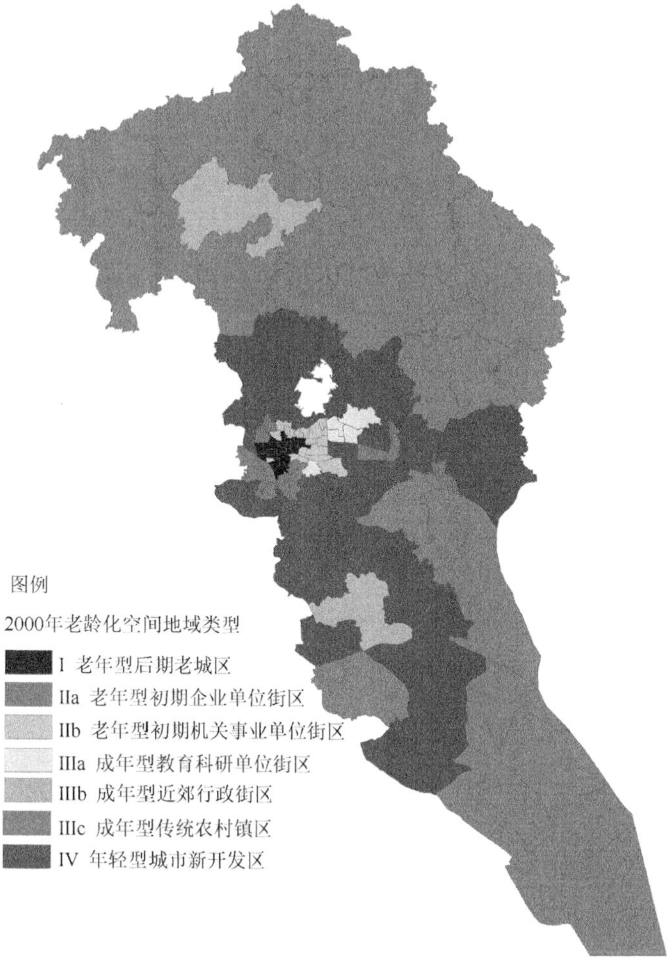

图4-1　2000年广州市人口老龄化空间结构

3. 老年型初期机关事业单位街区

老年型初期机关事业单位街区类型共有14个街镇，占全市街镇总数的11.57%。该区域主要为政府机关单位所在区域，居住人群为受教育水平较高收入较好的科技人员和国家公职人员等，住房多为年代较新及条件较好的公有住房（房改房）；单位离退休老年人集聚，老龄化程度较严重，多数街区老年比均大于10%，其中洪桥街道人口老龄化程度高达17.21%，为老年型街区。该类型街镇主要分布于原东山区和越秀、海珠、天河区部分街镇。

4. 成年型教育科研单位街区

成年型教育科研单位街区类型共有5个街镇，占全市街镇总数的4.13%。该区域为高等院校和科研单位集中区，街区内以受大学本科以上教育水平的年轻大学生和教学及科研人员为主，仅有单位退休老人零散居住，住房多为公有住房，老龄化程度为成年型。该类型街镇包括天河区的五山、石牌、棠下街道和海珠区新港街及番禺区的小谷围街。

5. 成年型近郊行政街区

成年型近郊行政街区类型共有两个街镇，占全市街镇总数的 1.65%，是街镇数量最少的类型。该区域既集中政府、企事业单位人员，又聚集较多农业人口，单位住宅区和普通商品房住宅与农民自建住房同时存在，也是城市开发地区，因而老龄化程度为年轻型。该类型街镇包括番禺区市桥街和花都区原新华镇。

6. 成年型传统农村镇区

成年型传统农村镇区类型共有 25 个街镇，占全市街镇总数的 20.66%，街镇数量较多，仅次于年轻型城市新开发街区类型的街镇数量。该区域是家庭规模较大尤其以老少留守型家庭为主的传统农村镇区，农村老年人口集聚，居住以自建住房为主，大部分镇区老龄化程度为成年型。该类型街镇主要分布于远郊区和白云、番禺、黄埔区部分街镇。

7. 年轻型城市新开发街区

年轻型城市新开发街区类型共有 38 个街镇，占全市街镇总数的 31.40%，是街镇数量最多的类型。该区域为制造业或房地产开发集中区域，老年人口少，以从事生产性行业和商业服务的外来务工普通收入的青年单身人口为主，因而老龄化程度为年轻型，住房为新建的商品房或农村自建房。该类型街镇分布于中心城区外缘和近郊区。

4.1.2 老龄化地域类型空间结构特征与对比分析

1. 老龄化地域类型空间结构特征

2000 年广州市人口老龄化空间结构呈现圈层和扇形特征，同时伴有两核心结构分布：老年型后期老城区位于核心位置；其外围圈层由老年型初期企业单位街区和老年型初期机关事业单位街区两个扇形组成，成年型教育科研单位街区则呈扇形紧贴其外分布；环绕以上地域的是年轻型城市新开发区；最外围为成年型传统农村镇区；成年型近郊行政街区则呈两核心分布于外围两圈层中（图 4-2）。

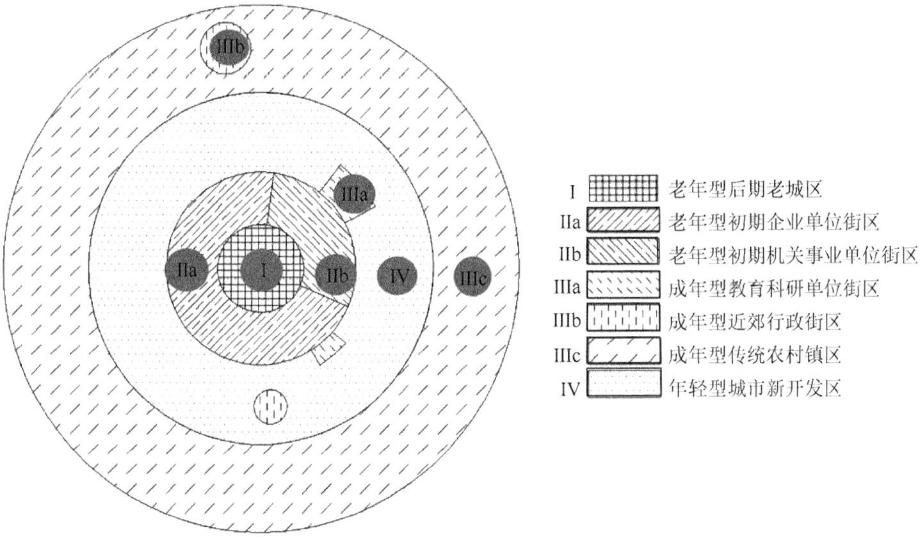

图 4-2　2000 年老龄化地域类型空间结构特征

2. 老龄化地域类型对比分析

为了更全面地研究各类老龄化地域类型区居民在经济水平、职业行业、教育水平和老年家庭特征 4 个方面的差异，根据第五次全国人口普查数据，选取衡量相应指标计算每个类型街道该指标与全市街道相比的区位熵，以把握 7 类老龄化地域类型区的内部特征。

1）经济水平差异

住房来源可以在一定程度上衡量经济水平。区位熵大于 1 表示该区域这一指标在全市有优势。

从表 4-1 广州市 7 类老龄化空间的住房来源区位熵来看，老年型后期老城区租用公用住房的区位熵最大；老年型初期企业单位街区、老年型初期机关事业单位街区和成年型教育科研单位街区购买原公有住房的区位熵最高，企业和单位职工更容易通过自身的职业关系购买公有住房；成年型传统农村镇区自建住房的区位熵最高，符合农村住房特征；年轻型城市新开发区租用商品房的区位熵最高，说明该地区年轻人的住房形式多为租住住房；成年型近郊行政街区购买商品房的区位熵最高。

从住房来源空间分布看，自建住房区位熵大于 1 的区域主要集中在成年型传统农村镇区和年轻型城市新开发区；购买商品房区位熵大于 1 的区域主要集中在老年型初期企业单位街区、成年型教育科研单位街区、年轻型城市新开发区和成年型近郊行政街区；购买经济适用房区位熵大于 1 的区域主要集中在成年型教育科研单位街区、年轻型城市新开发区和成年型近郊行政街区；购买公有住房区位熵大于 1 的区域主要集中在老年型后期老城区、老年型初期企业单位街区、老年型初期机关事业单位街区和成年型教育科研单位街区；租用公用住房区位熵大于 1 的区域主要分布于老年型后期老城区、老年型初期企业单位街区、老年型初期机关事业单位街区和成年型教育科研单位街区，分布较广泛；租用商品房区位熵大于 1 的区域主要分布于年轻型城市新开发区；其他类区位熵大于 1 的区域主要分布于老年型后期老城区、老年型初期机关事业单位街区和成年型教育科研单位街区。

表 4-1　2000 年广州市 7 类老龄化地域类型区住房区位熵比较

地域类型区	区位熵						
	自建住房	购买商品房	购买经济适用房	购买原公有住房	租用公用住房	租用商品房	其他
老年型后期老城区	0.39	0.53	0.61	1.23	2.21	0.70	1.74
老年型初期企业单位街区	0.27	1.03	0.90	2.00	1.26	0.47	0.81
老年型初期机关事业单位街区	0.19	0.71	0.74	2.17	1.35	0.35	1.10
成年型传统农村镇区	2.66	0.37	0.82	0.10	0.38	0.24	0.74
成年型教育科研单位街区	0.26	1.19	1.23	1.79	1.25	0.67	1.02
年轻型城市新开发区	1.10	1.04	1.22	0.60	0.72	1.83	0.94
成年型近郊行政街区	0.92	3.64	1.33	0.65	0.41	0.71	0.64

资料来源：根据 2000 年第五次全国人口普查数据计算。

2）职业行业差异

职业是社会分层的主要划分依据，其结构的变化反映了经济活动人口就业布局的改变。

从表 4-2 广州市 7 类老龄化空间的职业区位熵来看，在老年型后期老城区、老年型初期企业单位街区、老年型初期机关事业单位街区和成年型教育科研单位街区这 4 类老龄化空间中，国家机关、党群组织、企事业单位负责人、专业技术人员、办事人员和有关人员和商业、服务业人员的区位熵都较高；成年型传统农村镇区的区位熵最大的是农林牧渔水利生产人员和生产、运输设备操作人员及有关人员，特别是农林牧渔水利生产人员的区位熵最高，达到 3.07，符合农村从业人员从业结构特征；年轻型城市新开发区的区位熵最大的是商业、服务业人员和生产、运输设备操作人员及有关人员；成年型近郊行政街区的区位熵最大的是办事人员和有关人员、商业、服务业人员和生产、运输设备操作人员及有关人员。

表 4-2　2000 年广州市 7 类老龄化地域类型区职业区位熵比较

地域类型区	区位熵					
	国家机关、党群组织、企事业单位负责人	专业技术人员	办事人员和有关人员	商业、服务业人员	农林牧渔水利生产人员	生产、运输设备操作人员及有关人员
老年型后期老城区	1.91	1.66	1.54	1.57	0.02	0.58
老年型初期企业单位街区	1.29	1.46	1.45	1.28	0.08	0.88
老年型初期机关事业单位街区	2.74	2.41	1.81	1.17	0.02	0.49
成年型传统农村镇区	0.37	0.38	0.36	0.49	3.07	1.00
成年型教育科研单位街区	1.99	2.85	2.29	1.06	0.05	0.39
年轻型城市新开发区	0.69	0.68	0.84	1.02	0.77	1.21
成年型近郊行政街区	0.99	0.93	1.05	1.05	0.50	1.15

资料来源：根据 2000 年第五次全国人口普查数据计算。

从职业区位熵在各类老龄化空间分布的情况可以看出，国家机关、党群组织、企事业单位负责人分布较广泛，其中老年型初期机关事业单位街区区位熵最高，该职业人员分布最多；专业技术人员主要集中分布在老年型后期老城区、老年型初期企业单位街区、老年型初期机关事业单位街区和成年型教育科研单位街区；办事人员和有关人员主要集中分布在老年型后期老城区、老年型初期企业单位街区、老年型初期机关事业单位街区、成年型教育科研单位街区和成年型近郊行政街区；商业、服务业人员除了分布成年型传统农村镇区以外，其他地区广泛分布；农林牧渔水利生产人员高度集中于成年型传统农村镇区；生产、运输设备操作人员及有关人员主要集中于成年型传统农村镇区、年轻型城市新开发区和成年型近郊行政街区。

3）文化水平差异

从表 4-3 的 7 类老龄化空间的不同受教育程度来看，老年型后期老城区和老年型初期企业单位街区教育区位熵最高的是高中；老年型初期机关事业单位街区区位熵最高的是大学本科；成年型传统农村镇区区位熵最高的是未上过学；成年型教育科研单位街区区位熵最高的是研究生；年轻型城市新开发区和成年型近郊行政街区区位熵最高的是初中。

表 4-3　2000 年广州市 7 类老龄化地域类型区文化水平区位熵比较

地域类型区	区位熵							
	未上过学	小学	初中	高中	中专	大学专科	大学本科	研究生
老年型后期老城区	1.07	0.88	0.76	1.60	1.05	1.28	0.97	0.63
老年型初期企业单位街区	1.05	0.88	0.84	1.41	1.21	1.19	0.93	0.55

续表

地域类型区	区位熵							
	未上过学	小学	初中	高中	中专	大学专科	大学本科	研究生
老年型初期机关事业单位街区	0.70	0.66	0.63	1.33	1.43	2.07	2.63	2.48
成年型传统农村镇区	1.71	1.47	1.16	0.58	0.58	0.24	0.09	0.02
成年型教育科研单位街区	0.38	0.45	0.48	0.97	1.39	2.61	5.26	8.72
年轻型城市新开发区	0.77	0.98	1.15	0.88	0.98	0.84	0.68	0.55
成年型近郊行政街区	1.10	1.08	1.15	0.83	0.96	0.73	0.37	0.18

资料来源：根据 2000 年第五次全国人口普查数据计算。

从教育区位熵在各类老龄化空间分布的情况可以看出，文化水平为未上过学主要集中分布在老年型后期老城区、老年型初期企业单位街区、成年型传统农村镇区和成年型近郊行政街区；小学水平的主要集中分布在成年型传统农村镇区和成年型近郊行政街区，其他类型的老龄化空间分布较均衡；初中水平的主要集中分布在成年型传统农村镇区、年轻型城市新开发区和成年型近郊行政街区。高中水平的主要集中分布在老年型后期老城区、老年型初期企业单位街区和老年型初期机关事业单位街区；中专水平的除了成年型传统农村镇区分布得较少外，在其他各类老龄化空间上分布较均衡；大学专科水平的主要分布在老年型后期老城区、老年型初期企业单位街区、老年型初期机关事业单位街区和成年型教育科研单位街区；大学本科水平的主要集中分布在老年型初期机关事业单位街区和成年型教育科研单位街区；研究生水平的主要集中分布在老年型初期机关事业单位街区和成年型教育科研单位街区。

4）老年家庭特征差异

从表 4-4 的 7 类老龄化空间的不同老年家庭特征来看，老年型后期老城区、老年型初期机关事业单位街区和成年型教育科研单位街区老年家庭区位熵最高的是一对老夫妇和未成年户；老年型初期企业单位街区区位熵最高的是其他有两个 60 岁及以上老年人的户；成年型传统农村镇区、年轻型城市新开发区和成年型近郊行政街区区位熵最高的是有一对老年夫妇的户。

从老年家庭区位熵在各类老龄化空间分布的情况可以看出，老年家庭特征在各类老龄化空间之间空间分布差别不大，特别是有一个 60 岁及以上老年人的户分布较均衡。有一对老年夫妇的户在成年型传统农村镇区、成年型教育科研单位街区、年轻型城市新开发区和成年型近郊行政街区分布较集中，而在其他类型的老龄化空间之间的分布差异也不大；一对老夫妇和未成年户除了在年轻型城市新开发区分布较少以外，在其他类型的老龄化空间分布相对均衡；其他有两个 60 岁及以上老年人的户主要集中分布于老年型后期老城区、老年型初期企业单位街区、老年型初期机关事业单位街区和成年型教育科研单位街区。

表 4-4　2000 年广州市 7 类老龄化地域类型区老年家庭区位熵比较

地域类型区	区位熵			
	有一个 60 岁及以上老年人的户	有一对老年夫妇的户	一对老夫妇和未成年户	其他有两个 60 岁及以上老年人的户
老年型后期老城区	0.99	0.83	1.26	1.12
老年型初期企业单位街区	0.99	0.88	0.96	1.10
老年型初期机关事业单位街区	0.96	0.91	1.33	1.23
成年型传统农村镇区	1.01	1.22	1.03	0.85
成年型教育科研单位街区	0.96	1.06	1.39	1.14
年轻型城市新开发区	1.03	1.07	0.54	0.85
成年型近郊行政街区	1.03	1.20	1.04	0.78

资料来源：根据 2000 年第五次全国人口普查数据计算。

4.2　2010 年广州市人口老龄化空间结构

以第 3 章因子生态分析得到的 2010 年广州市老年人口社会空间地域类型为基础，与 2010 年广州市老龄化空间分布图（图 2-5）叠加分析，将老龄化空间划分为老年型后期老城区、老年型中期企业单位街区、老年型中期机关事业单位街区、老年型初期混合人口居住街区、老年型初期传统农村镇区、成年型教育科研单位街区、成年型混合人口居住街区、年轻型城市新开发街区 8 类老龄化地域类型区，如图 4-3 所示。

4.2.1　老龄化地域类型构成与空间分布

1. 老年型后期老城区

老年型后期老城区类型共有 18 个街镇，占全市街镇总数的 12.16%。该区域是老龄化程度最严重的区域，大部分街道老龄化程度超过 16%，为老年型后期，普通退休或低收入城市户籍老年人口高度集聚，人员构成较杂乱，住房多为建设年代久远设备条件差的解放前老房或改革前政府公房。该类型街镇主要分布在老城区。

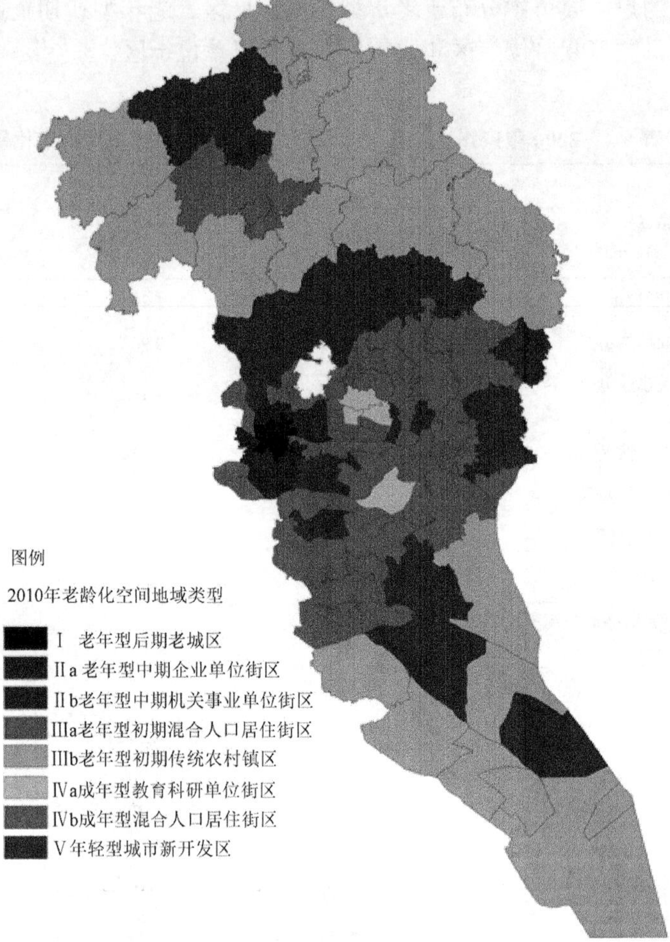

图 4-3　2010 年广州市人口老龄化空间结构

2. 老年型中期企业单位街区

老年型中期企业单位街区类型共有 15 个街镇，占全市街镇总数的 10.14%。该区域多为早期工业集聚区及周围区域，原工厂企业退休职工集中居住于单位原配套建设的条件一般的公房或房改房，老龄化程度较严重，除零星几个街道外，其余街道老年比均大于 13%，为老年型街区。该类型街镇主要分布于原芳村区和海珠区西南部。

3. 老年型中期机关事业单位街区

老年型中期机关事业单位街区类型共有 14 个街镇，占全市街镇总数的 9.46%。该区域主要为政府机关单位所在区域，居住人群多为受教育程度较高的国家公职和科研人员及收入较好的高级职员等，住房多为年代较新及条件较好的公有住房（房改房），单位离退休老年人集聚，老龄化程度较严重，多数街道老年比均大于 13%，为老年型街区。该类型街镇主要分布于原东山区和越秀区、天河区部分街道。

4. 老年型初期混合人口居住街区

老年型初期混合人口居住街区类型共有 15 个街镇，占全市街镇总数的 10.14%。该区域原多为机关企事业单位人群集中区域，因房地产开发吸引部分学历较高、收入较高的其他高级职员入住，住房多为条件较好的 20 世纪 90 年代新建商品房，单位退休老年人口集中，进入老龄化。该类型街镇主要位于天河区和海珠区、黄埔区、番禺区部分街区。

5. 老年型初期传统农村镇区

老年型初期传统农村镇区类型共有 15 个街镇，占全市街镇总数的 10.14%。该区域家庭规模较大尤其以老少留守型家庭为主的传统农村镇区，农村老年人口集聚，大部分镇区已进入老龄化，居住以自建住房为主。该类型街镇主要分布于远郊区和白云区、番禺区部分镇区。

6. 成年型教育科研单位街区

成年型教育科研单位街区类型共有 3 个街镇，占全市街镇总数的 2.03%，是街镇数量最少的类型。该区域为高等院校和科研单位集中区，由于街区内以受大学本科以上教育水平的年轻大学生和教学及科研人员为主，仅有单位退休老人零散居住，老龄化程度为成年型或更低，住房多为年代较新公有住房或 2000 年后商品房。该类型街镇包括天河区的五山、石牌和番禺区的小谷围。

7. 成年型混合人口居住街区

成年型混合人口居住街区类型共有 38 个街镇，占全市街镇总数的 25.68%，是街镇数量最多的类型。该区域多为新世纪开发房地产的近郊区，高水平新式居住区居多，专业技术人员和一般管理人员与原郊区农村人口混杂，退休老年人口和农村老年人口数量不多，老龄化程度为成年型。该类型街镇主要分布于中心城区内缘和近郊区的天河、番禺、黄埔、原萝岗等区。

8. 年轻型城市新开发街区

年轻型城市新开发街区类型共有 30 个街镇，占全市街镇总数的 20.27%，街镇数量较多，仅次于成年型混合人口居住街区类型的街镇数量。该区域为制造业或房地产开发集中区域，老年人口少，以从事生产性行业和商业服务的外来务工普通收入的青年单身人口为主，因而老龄化程度为年轻型，住房为新建的商品房或农村自建房。该类型街道分布于近郊区外围。

4.2.2 老龄化地域类型空间结构特征与对比分析

1. 老龄化地域类型空间结构特征

广州市人口老龄化空间结构呈现圈层和扇形特征分布：老年型后期老城区位于核心位置；其外围圈层由老年型中期企业单位街区和老年型初期混合人口街区两个扇形组成，内中还镶嵌着同样呈扇形分布的老年型中期机关事业单位街区；成年型混合人口街区和年轻型城市新开发区交错分布形成第三圈层，成年型教育科研单位街区则呈小面积扇形分布于此圈层中；最外围为老年型初期传统农村镇区圈层，并有年轻型城市新开发区和成年型混合人口街区扇形分布其中，见图 4-4。

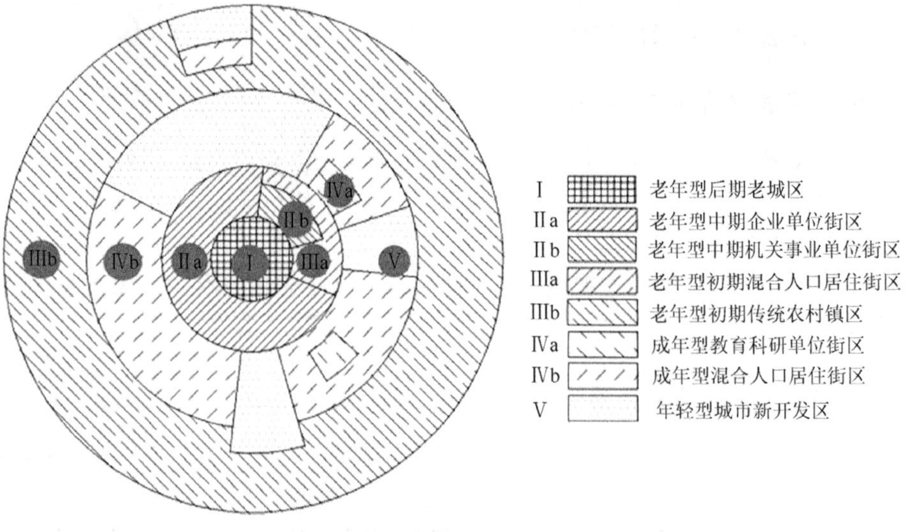

图 4-4 2010 年老龄化地域类型空间结构特征

2. 老龄化地域类型对比分析

为了更全面地研究各类老龄化地域类型区居民在经济水平、职业行业、教育水平和老年家庭特征 4 个方面的差异，根据第六次全国人口普查数据，选取衡量相应指标计算每个类型街道该指标与全市街道相比的区位熵，以把握 8 类老龄化地域类型区的内部特征。

（1）经济水平差异。住房来源可以在一定程度上衡量经济水平。从表 4-5 广州市 8 类老龄化空间的住房来源区位熵来看，老年型后期老城区、老年型中期企业单位街区、老年型中期机关事业单位街区和成年型教育科研单位街区这 4 类老龄化空间购买原公有住房的区位熵最大，其中老年型中期机关事业单位街区该区位熵达到 3.94；老年型初期传统农村镇区自建住房的区位熵最高，达到 4.17，符合农村的住房特点；老年型初期混合人口居住街区购买商品房的区位熵最高；成年型混合人口居住街区购买经济适用房的区位熵最高；年轻型城市新开发街区租赁其他住房的区位熵最高，说明该地区年轻人的住房形式多为租住住房。

从住房来源空间分布看，租赁廉租住房区位熵大于 1 的区域主要集中在老年型初期传统农村镇区；租赁其他住房区位熵大于或等于 1 的区域主要集中在成年型混合人口居住街区、成年型教育科研单位街区和年轻型城市新开发街区，说明老龄化程度较轻的地区更倾向于租赁住房；自建住房区位熵大于 1 的区域主要集中在老年型初期传统农村镇区和成年型混合人口居住街区；购买商品房区位熵大于 1 的区域主要集中在老年型后期老城区、老年型中期企业单位街区、老年型中期机关事业单位街区、老年型初期混合人口居住街区和成年型混合人口居住街区。购买二手房区位熵大于 1 的区域主要集中在老年型后期老城区、老年型中期企业单位街区、老年型中期机关事业单位街区和老年型初期混合人口居住街区。购买经济适用房区位熵大于 1 的区域主要集中在老年型中期机关事业单位街区、老年型初期混合人口居住街区、成年型混合人口居住街区和成年型教育科研单位街区。购买原公有住房区位熵大于 1 的区域主要集中在老年型后期老城区、老年型中期企业单位街区、老年型中期机关事业单位街区和成年型教育科研单位街区。

表 4-5　2010 年广州市 8 类老龄化地域类型区住房区位熵比较

地域类型区	区位熵						
	租赁廉租住房	租赁其他住房	自建住房	购买商品房	购买二手房	购买经济适用房	购买原公有住房
老年型后期老城区	0.92	0.85	0.53	1.14	1.48	0.60	2.06
老年型中期企业单位街区	0.46	0.61	0.39	1.45	1.77	0.75	2.82
老年型中期机关事业单位街区	0.85	0.48	0.11	1.15	1.91	2.52	3.94
老年型初期传统农村镇区	1.68	0.39	4.17	0.22	0.17	0.30	0.10
老年型初期混合人口居住街区	0.82	0.60	0.26	1.91	2.10	1.53	1.83
成年型混合人口居住街区	0.92	1.00	1.17	1.20	0.86	1.22	0.43
成年型教育科研单位街区	0.63	1.17	0.20	0.90	0.75	1.29	1.95
年轻型城市新开发街区	1.13	1.41	0.80	0.68	0.61	0.78	0.23

资料来源：根据 2010 年第六次全国人口普查数据计算。

（2）职业行业差异。职业是社会分层的主要划分依据，其结构的变化反映了经济活动人口就业布局的改变。

从表 4-6 广州市 8 类老龄化空间的职业区位熵来看，老年型后期老城区的区位熵最大的是商业、服务业人员；老年型中期企业单位街区的区位熵最大的是办事人员和有关人员；老年型中期机关事业单位街区、老年型初期混合人口居住街区和成年型教育科研单位街区这 3 类老龄化空间的区位熵最大的是专业技术人员；老年型初期传统农村镇区的区位熵最大的是农林牧渔水利生产人员，高达 5.82，符合农村地区的人口从业结构；成年型混合人口居住街区的区位熵最大的是国家机关、党群组织、企事业单位负责人；年轻型城市新开发街区的区位熵最大的是生产、运输设备操作人员及有关人员。

从职业区位熵在各类老龄化空间分布的情况可以看出，国家机关、党群组织、企业、事业单位负责人主要集中分布在老年型中期机关事业单位街区、老年型初期混合人口居住街区、成年型混合人口居住街区和成年型教育科研单位街区；专业技术人员主要集中分布在老年型后期老城区、老年型中期企业单位街区、老年型中期机关事业单位街区、老年型初期混合人口居住街区和成年型教育科研单位街区；办事人员和有关人员主要集中分布在老年型后期老城区、老年型中期企业单位街区、老年型中期机关事业单位街区、老年型初期混合人口居住街区和成年型教育科研单位街区，分布较广泛；商业、服务业人员分布较均匀，各类老龄化空间直接差别不大；农林牧渔水利生产人员集中分布在老年型初期传统农村镇区；生产、运输设备操作人员及有关人员主要集中分布在老年型初期传统农村镇区、成年型混合人口居住街区和年轻型城市新开发街区。

表 4-6　2010 年广州市 8 类老龄化地域类型区职业区位熵比较

地域类型区	区位熵					
	国家机关、党群组织、企事业单位负责人	专业技术人员	办事人员和有关人员	商业、服务业人员	农林牧渔水利生产人员	生产、运输设备操作人员及有关人员
老年型后期老城区	0.55	1.31	1.55	1.57	0.02	0.39
老年型中期企业单位街区	0.38	1.49	1.59	1.28	0.14	0.59
老年型中期机关事业单位街区	2.11	2.23	1.81	1.04	0.02	0.25
老年型初期传统农村镇区	0.43	0.41	0.55	0.52	5.82	1.21
老年型初期混合人口居住街区	1.60	1.81	1.76	1.16	0.06	0.37
成年型混合人口居住街区	1.25	0.99	0.91	1.00	0.57	1.05
成年型教育科研单位街区	1.03	2.46	1.23	1.42	0.12	0.14
年轻型城市新开发街区	0.91	0.64	0.73	0.94	0.56	1.34

资料来源：根据 2010 年第六次全国人口普查数据计算。

（3）教育水平差异。从表 4-7 的 8 类老龄化空间的不同受教育程度来看，老年型后期老城区和老年型中期企业单位街区教育区位熵最高的是高中；老年型中期机关事业单位街区、老年型初期混合人口居住街区和成年型教育科研单位街区区位熵最高的是研究生，其中成年型教育科研单位街区的区位熵达到 7.59；老年型初期传统农村镇区区位熵最高的是未上过学；成年型混合人口居住街区区位熵最高的是大学专科；年轻型城市新开发街区区位熵最高的是初中。由此可见，受教育程度差异与老龄化程度的关联不强。

从教育区位熵在各类老龄化空间分布的情况可以看出，教育水平为未上过学主要集中分布在老年型后期老城区、老年型中期企业单位街区和老年型初期传统农村镇区；小学水平主要集中分布在老年型初期传统农村镇区，其他类型的老龄化空间分布较均衡；初中水平主要集中分布在老年型初期传统农村镇区、成年型混合人口居住街区和年轻型城市新开发街区。高中水平主要集中分布在老年型后期老城区、老年型中期企业单位街区、老年型中期机关事业单位街区和老年型初期混合人口居住街区，分布较广泛；大学专科水平在各类老龄化空间上分布较均衡；大学本科水平主要集中分布在老年型中期机关事业单位街区、老年型初期混合人口居住街区和成年型教育科研单位街区；研究生水平主要集中分布在老年型中期机关事业单位街区、老年型初期混合人口居住街区和成年型教育科研单位街区。

表 4-7　2010 年广州市 8 类老龄化地域类型区教育水平区位熵比较

地域类型区	区位熵						
	未上过学	小学	初中	高中	大学专科	大学本科	研究生
老年型后期老城区	1.05	0.96	0.81	1.36	1.04	0.84	0.56
老年型中期企业单位街区	1.08	0.98	0.77	1.33	1.14	0.90	0.60
老年型中期机关事业单位街区	0.59	0.76	0.57	1.18	1.48	1.84	2.24
老年型初期传统农村镇区	2.16	1.49	1.30	0.76	0.48	0.32	0.06
老年型初期混合人口居住街区	0.74	0.85	0.65	1.05	1.50	1.74	2.04
成年型混合人口居住街区	0.97	1.08	1.02	0.95	1.12	0.84	0.68
成年型教育科研单位街区	0.28	0.35	0.30	0.55	0.95	4.94	7.59
年轻型城市新开发街区	0.85	0.97	1.27	0.95	0.80	0.50	0.33

资料来源：根据 2010 年第六次全国人口普查数据计算。

（4）老年家庭特征差异。从表 4-8 的 8 类老龄化空间的不同老年家庭特征来看，老年型后期老城区老年家庭区位熵最高的是有一个老年人的户；老年型中期企业单位街区、老年型中期机关事业单位街区和成年型教育科研单位街区老年家庭区位熵最高的是其他有两个及以上老年人的户；老年型初期传统农村镇区、老年型初期混合人口居住街区、成年型混合人口居住街区和年轻型城市新开发街区区位熵最高的是一对老夫妇与未成年亲属的户。

表 4-8　2010 年广州市 8 类老龄化地域类型区老年家庭区位熵比较

地域类型区	区位熵			
	有一个老年人的户	有一对老夫妇的户	一对老夫妇与未成年亲属的户	其他有两个及以上老年人的户
老年型后期老城区	1.08	0.75	0.67	0.92
老年型中期企业单位街区	1.00	0.99	0.88	1.02
老年型中期机关事业单位街区	0.94	0.78	0.84	1.23
老年型初期传统农村镇区	1.02	0.98	1.61	0.96
老年型初期混合人口居住街区	0.93	1.15	1.09	1.10
成年型混合人口居住街区	1.01	1.16	1.06	0.91
成年型教育科研单位街区	0.83	1.14	1.17	1.34
年轻型城市新开发街区	1.02	1.09	0.90	0.91

资料来源：根据 2010 年第六次全国人口普查数据计算。

从老年家庭区位熵在各类老龄化空间分布的情况可以看出，老年家庭特征在各类老龄化空间之间空间分布差别不大，特别是有一个老年人的户和有一对老夫妇的户分布较均衡。而一对老夫妇与未成年亲属的户在老年型初期传统农村镇区较集中，其他有两个及以上老年人的户在老年型中期机关事业单位街区较集中。

4.3　老龄化空间结构变化特征

4.3.1　城市近、远郊区的类型区和街道数目变化较大

由表 4-9 可以看出，中心城区范围内的老年型后期老城区、老年型中期企业单位街区、老年型中期机关事业单位街区和成年型教育科研单位街区除了大部分街区老龄化程度进一步加深之外，各类型包含街道数量变化很小，说明中心城区范围内的类型区基本保持稳定，除此之外的其他类型和街道数目变化较激烈。

表 4-9　2000 年与 2010 年广州市老龄化空间地域类型对比

年份	老年人口社会空间地域类型区	包含街镇数量/个	年份	老年人口社会空间地域类型区	包含街镇数量/个
2000 年	老年型后期老城区	20	2010 年	老年型后期老城区	18
	老年型初期企业单位街区	17		老年型中期企业单位街区	15

续表

年份	老年人口社会空间地域类型区	包含街镇数量/个	年份	老年人口社会空间地域类型区	包含街镇数量/个
2000 年	老年型初期机关事业单位街区	14	2010 年	老年型中期机关事业单位街区	14
	成年型传统农村镇区	25		老年型初期传统农村镇区	15
	成年型教育科研单位街区	5		成年型教育科研单位街区	3
	年轻型城市新开发区	38		年轻型城市新开发区	30
	成年型近郊行政街区	2		老年型初期混合人口居住街区	15
				成年型混合人口居住街区	38
总计		121	总计		148

首先，两个年份的老龄化地域类型数量有变化，2000 年为 7 个类型，2010 年增加了 1 个，而且类型也发生了转变，2000 年的成年型近郊行政街区在 2010 年的类型中消失，2010 年新出现了老年型初期和成年型的混合人口分布区。其次，街镇数目和类型也在发生转换。其中，2010 年出现的混合人口分布区（包括老年型初期和成年型的）包含的街道数目最多空间范围最大，老年型初期混合人口居住街区数量为 15 个，成年型混合人口居住街区数量为 38 个，总计 53 个街道。这些街道构成主要由成年型传统农村镇区和年轻型城市新开发区的街镇演化而来，老年型初期混合人口居住街区是由部分早先开发的原属老年型初期企事业单位街区的天河区和海珠区街道因为开发力度的纵深发展而演变而成。白云、番禺、黄埔等区大部分原为年轻型城市新开发区的街道也演变为成年型混合人口居住街区的新类型区。

4.3.2　老龄化空间发展具有历史继承性

将两个年份的老龄化空间结构进行比较，可以发现广州市 2010 年的部分老龄化地域类型区承袭自 2010 年老龄化空间结构，除了部分类型区老龄化程度加深以外，以往的老龄化特征和老年人口社会空间特征仍然深刻体现其中，具有一定历史延续性。尤其在中心城区，2010 年老年型后期老城区、老年型中期企业单位街区和机关事业单位街区所包含的街道基本也原属于 2000 年的对应类型区，这主要是旧城一直留存着大量的老式住房和公有住房及其中的居住人口类型变化不大所致；成年型（老年型初期）传统农村镇区、成年型教育科研单位街区和年轻型城市新开发区也有相当部分街镇是重合的，说明其空间发展保持了一定的历史继承性。

4.3.3 老龄化空间结构趋于复杂化并出现“飞地”式发展

2000 年广州市老龄化空间结构模式相对简单，老年型后期老城区、老年型初期企事业单位街区、年轻型城市新开发区和成年型传统农村镇区分 4 个圈层分布，成年型教育科研单位街区和成年型近郊行政街区则呈小扇形或核心简单分布于某一圈层中。随着广州市城市空间向东和向南的迅速拓展，2010 年广州市老龄化空间结构也趋于复杂，成年型近郊行政街区不再存在，而老年型初期和成年型混合人口居住街区等新类型区出现并呈多个扇形切割中间 2 个圈层和楔入外圈层，使广州市老龄化空间结构的异质性更加突出，同时还形成了成年型教育科研单位街区和年轻型城市新开发区“飞地”式的发展：大学城的建设使小谷围街在跳离中心城区范围的第三圈层成为新的科教“飞地”，处于第四圈层的南沙街和花都狮岭镇成为新的工业类“飞地”。

4.3.4 老龄化空间发展出现类型更新和类型区范围变化

2000—2010 年，广州城市新开发区由中心城区外缘向整个近郊区乃至远郊区拓展，老龄化空间结构也随之发生变化：

（1）2010 年的年轻型城市新开发区圈层外边缘较之 2000 年向外扩展并往最外圈层的农村镇区跳跃式发展，商品房开发和制造等产业入驻打破远郊区原来单一的自建房和农业人口特征状况，部分原为传统农村镇区的街镇演变为城市新开发区，从而老年型初期传统农村镇区范围相应缩减，其空间所在的城市最外圈层也已经不纯粹为单一老龄化地域类型区，而是嵌入了扇形的年轻型城市新开发区，从而在远郊区形成新的工业类“飞地”，如南沙街和花都狮岭镇为“飞地”式的年轻型城市新开发区。

（2）自 20 世纪 90 年代开始兴起的房地产市场相继从天河区和海珠区向白云、番禺、黄埔等地区发展，不仅在物质空间上使许多以前是单位房和近郊自建房的区域演变为新兴的商品房区域，而且吸引各类职业人群、各阶层人员置业居住而改变了该区域的社会空间，进而对老龄化空间产生影响，使部分早先开发的原属老年型初期企事业单位街区的天河区和海珠区街道因为开发力度的纵深发展而演变为老年型初期混合人口居住街区的新类型区，白云、番禺、黄埔等区大部分原为年轻型城市新开发区的街道也演变为成年型混合人口居住街区的新类型区。

（3）2000 年作为独立的老龄化地域类型区的成年型近郊行政街区——市郊番

禺区和花都区政府驻地的市桥街和新华街，农业户籍和城市户籍因子均明显突出，然而房地产等行业的跨行政界线开发使其行政色彩淡化，多类型人口居住使其农业户籍因子弱化。因此 2010 年此类型区消失，市桥街和新华街分别演变为老年型初期和成年型混合人口居住街区。

4.4　老龄化空间结构演变模式

综合以上分析，2000—2010 年广州市老龄化空间结构演变的模式，主要分为 4 种模式，见图 4-5。

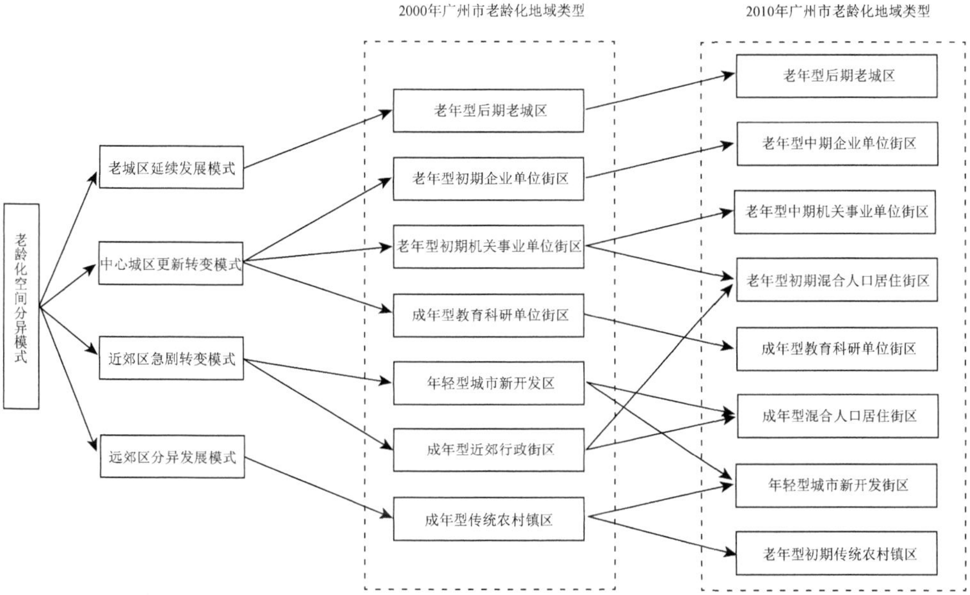

图 4-5　2000—2010 年广州市老龄化空间结构演变模式

4.4.1　老城区延续发展模式

位于城市旧核心的是由早期城市建成区中部分较好乃至富裕的地区演变而来，其悠久的发展历史形成设施完善、功能齐全的区域，发展成熟和空间稳定性强将在一段时间内长期存在。在政府主导下的旧城改造工作促进了老城区边缘区的更新改造，但新建商品房整体发展规模较小，只是有限度的填充式新建，对老城区的居住空间改变不大，局部的更新改造没有造成对建筑形态和居民构成的太大影响，老城区社会区的特征大部分得以保持，因此以往的社会空间结构得以延续发展，老龄化程度最严重的区域，大部分街道老龄化程度超过 16%，普通退休或低收入城市户籍老年人口高度集聚，在老龄化空间的体现则是老年型后期老城区类型一直保持较稳定的发展。

4.4.2 中心城区更新转变模式

中心城区继承了计划经济时期原有的“单位制”社会空间特征，并深受社会经济转型期的影响，众多的机关企事业单位早期分配的福利住房或房改房仍然大量存留，以往的单位职工逐渐迈入老年时期，老龄化率处于持续上升状态。伴随着经济体制改革的不断深化，企业改组和工业用地置换，房地产市场有选择性地开发使地理区位优越的街区逐步更新，较大规模的中高端商品房住区的建设促进人口的流动和迁居，被拆迁而经济能力有限的部分原居民迁出，代之以由于工作及子女教育等需要且具备更强经济能力的中青年家庭迁入改造后的住区，部分区域原有社会特征逐渐被弱化，同时中产阶层聚居的特征逐渐显化。基于中心城区发展的老龄化空间结构演变则呈现出更新演替的模式，主要由老年型初期企事业单位街区演变为老年型初期混合人口居住街区的新类型。

4.4.3 近郊区急剧转变模式

城市建设扩张对近郊区作用最强烈，房地产开发是近郊居住空间演变的主要动力，产业经济活动带来的大量就业岗位吸引了当地居民或外来人口的聚集，而基于近郊发展的老龄化空间结构演变则呈现出明显的急剧转变模式，迁入大量的劳动年龄人口客观上延缓了此区域的老龄化进程，在居住空间上表现为大型的商品房区取代原有的近郊农民自建房，同时社会空间也形成外来人口和本地居民混居的形式。2000 年后的近郊老龄化空间结构主要由成年型传统农村镇区和早期建设的年轻型城市新开发区演化成老年型初期和成年型的混合人口分布区。

4.4.4 远郊区分异发展模式

在城市的最外圈层即远郊区，以农村社区为主要的社会特征，城镇化发展使其演变主要由农业区逐步增添城市区域特征过渡。城市工业由中心城区向近郊区转移，又由于城市蔓延而向远郊转移，使原远郊农村镇区部分区域转为工业区，吸引了大量的年轻务工人员聚集，逐渐形成新的工业类“飞地”，其居住空间结构也由单一的自建房圈层演变为商品房和自建房混合圈层，促进了原来的成年型传统农村镇区演化为老年型初期传统农村镇区和年轻型城市新开发区分异发展。

4.5　小　　结

将 2010 年广州市老年人口社会空间地域类型与老龄化空间分布图叠加，将广州市划分为 8 类老龄化地域空间类型，人口老龄化空间结构呈圈层和扇形分布：老年型后期老城区位于核心；其外围圈层由老年型中期企业单位街区和老年型初期混合人口街区两个扇形组成，内中还镶嵌着同样呈扇形分布的老年型中期机关事业单位街区；成年型混合人口街区和年轻型城市新开发区交错分布形成第三圈层，成年型教育科研单位街区则呈小面积扇形分布于此圈层中；最外围为老年型初期传统农村镇区圈层，并有年轻型城市新开发区和成年型混合人口街区呈扇形分布其中。2000 年广州市人口老龄化空间可划分为 7 类老龄化类型区，老龄化空间结构特征同样呈现圈层和扇形分布。各类老龄化地域类型区在经济水平、职业行业、教育水平和老年家庭特征等方面存在较明显的差异。

广州市老龄化空间结构演变特征：①老龄化空间发展具有历史继承性；②老龄化空间结构随着城市发展而趋于复杂化并出现“飞地”式发展；③老龄化空间发展随城市开发进程出现类型更新和类型区范围变化。老龄化空间结构的演变模式主要分为 4 种：老城区延续发展模式、中心城区更新转变模式、近郊区急剧转变模式、远郊区分异发展模式。

第 5 章　老龄化社区案例分析

对老龄化空间的研究重点应该关注的是城市老年型区域即进入老龄化社会且老龄化程度较为严重的区域，深入了解老年型区域的社会结构特征和其中人口，尤其是老年人口的社会属性特征及其变化，以探究老年型区域的形成过程和影响因素。在前文总结的老龄化空间地域类型转变的 4 种模式中，对分析老年型类型区人口社会经济特征变化及其老龄化成因较具代表性的是，老城区延续发展模式和远郊区分异发展模式中的街镇。本书即分别选择两种老龄化空间结构中老龄化程度较严重的两类老龄化地域类型区——老年型后期老城区和老年型初期传统农村镇区为重点研究地域类型，在两种类型区中分别选取具有一定代表性的社区——越秀区人民街道的太平通津社区和花都区赤坭镇的黄沙塘村进行问卷调查和实地走访调研，主要针对老年型社区的社会经济结构特征和社区老年人的社会、经济、居住迁移状况等展开调查，以期对老龄化地域类型区及其老年人口的社会结构特征有较为深入的了解，分析把握老龄化地域类型区的形成机制。

老年型后期老城区类型选取了人民街道，这里自古以来就是广州的繁华闹市商业中心，历史发展悠久，太平通津社区仍保留有许多中华人民共和国成立前建设的老旧房屋，居民多世代居住于此。人民街道 2000 年老年人口比例为 17.08%，2010 年为 16.64%。太平通津社区 2010 年老年人口比例为 18.21%，人口老龄化问题严重，是广州市老年型后期老城区的老龄化社区代表。

老年型初期传统农村镇区类型选取的花都区赤坭镇 2000 年老龄化率为 11.94%，2010 年为 13.63%；黄沙塘村 2010 年老年人口比例为 13.96%，人口老龄化问题也较为严重，村发展以农业为主，因此是广州市传统农业镇区老龄化社区的代表。

本次调查问卷共发放 300 份，回收问卷 292 份，其中有效问卷 289 份，问卷有效率为 96.3%，问卷在城市社区和农村社区的回收份数分别为 172 份和 117 份。调查样本的 292 位老人性别比为 73∶100，覆盖 60 岁以上各年龄段的老年人。

5.1　太平通津社区——老年型后期老城区

5.1.1　太平通津社区特征分析

太平通津社区位于繁华的北京路西侧，商贸集中，交通便利，社区周边的生活配套设施相对齐全，生活便利，总体为地域面积较广阔、人口载量大、商户数量多、居民社会素质参差不齐、生活服务较便利的基本特点。

根据 2010 年广州市第六次人口普查数据统计，太平通津社区社会特征如下。社区常住人口为 5 482，70.7%为本地户籍人口，家庭户平均人口数较小，为 2.57 人；社区人口文化水平一般，高中和初中学历的人数比例达 62%；职业结构以从事商业、服务业人员为主；社区外来人口迁移原因以务工经商、学习培训和拆迁搬家为主，此外有近 20%的社区人口已经外迁一年至两年以上。社区住房大部分建设时间集中在 1980—1999 年，多为年代较为久远的旧房，见图 5-1；住房性质主要为租赁其他性质住房、购买商品房和购买原公用住房；大约一半居民住房面积为 50 m^2 以下，部分住房面积为 50～80 m^2 以下和 80～100 m^2 以下，居住面积普遍偏小。

图 5-1　太平通津社区内部主要住宅建筑

资料来源：作者拍摄。

老年人口和老年家庭基本属性特征如下。

（1）社区 90%以上的老年人健康状况良好，82%的老年人为已婚，老年人文化水平相对较低，以初中、高中学历为主；社区大部分老年人都处于离退休状态，离退休前都有全职的体制内工作，以国有企业、私营企业和事业单位的专业技术人员、办事人员和有关人员为主见图 5-2、图 5-3；老年人群体的收入以中等收入为主，大多数在 2 001～3 000 元和 3 001～4 000 元区间，见图 5-4。

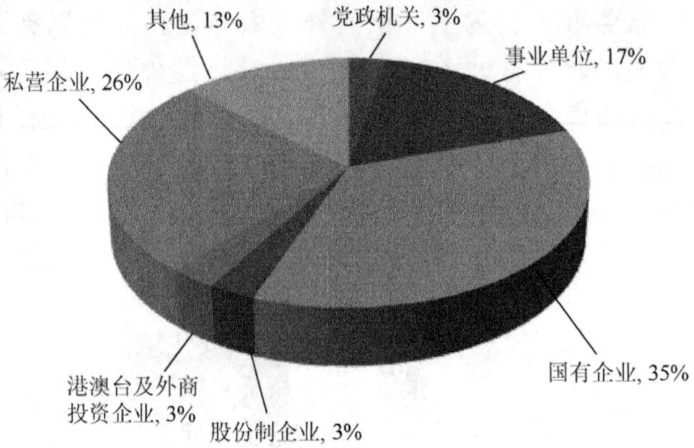

图 5-2　现工作或离退休前的单位性质

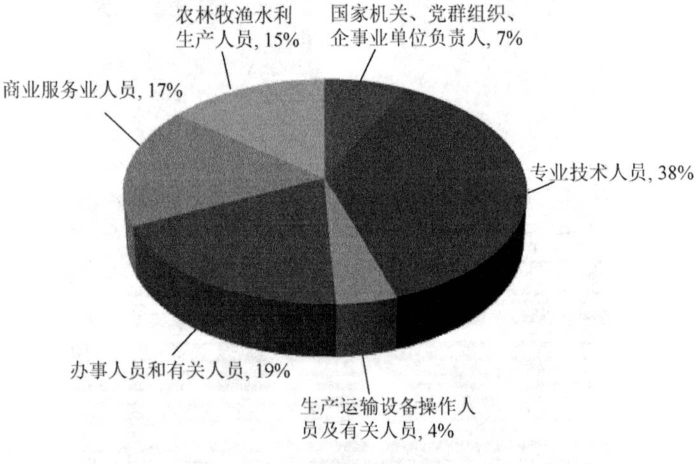

图 5-3　现在或离退休前的职业

（2）社区老年家庭居住方式以老人与其配偶共同居住的两人户和两个老人与未婚或已婚子女共同居住的三人户为主，见图 5-5，没有和老年人共同居住的子女大多因为工作或家庭关系选择在附近的荔湾、海珠、越秀等区居住；老年家庭代际支持状况以老年人和子女在生活上相对独立、经济往来较少为主，有部分子女会定期给老年人一定的赡养费，见图 5-6，访谈中大多数老年人都秉持与子女“各过各的”观念；社区大部分老年人因为从小在此居住，对社区产生了熟悉感，不轻易离开该社区，因而平均居住时间达 39 年之久，见图 5-7。

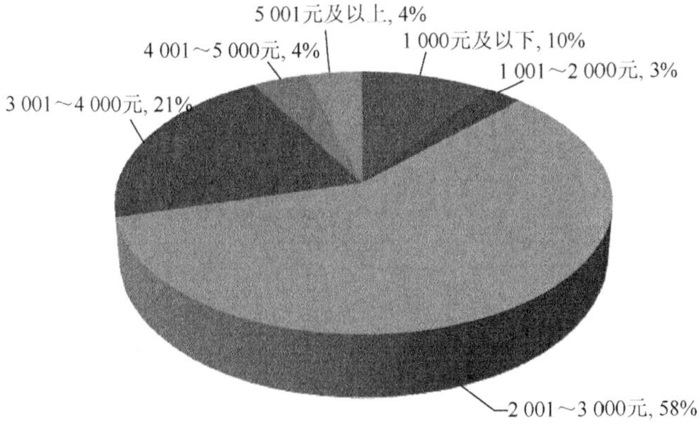

图 5-4　老年人现在平均月收入

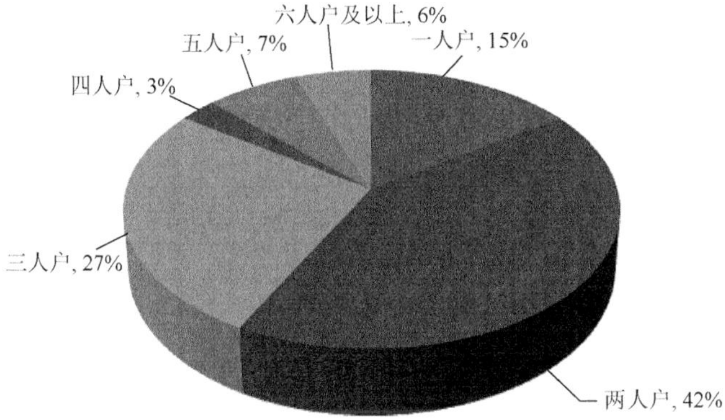

图 5-5　60 岁以上老年人的居住方式

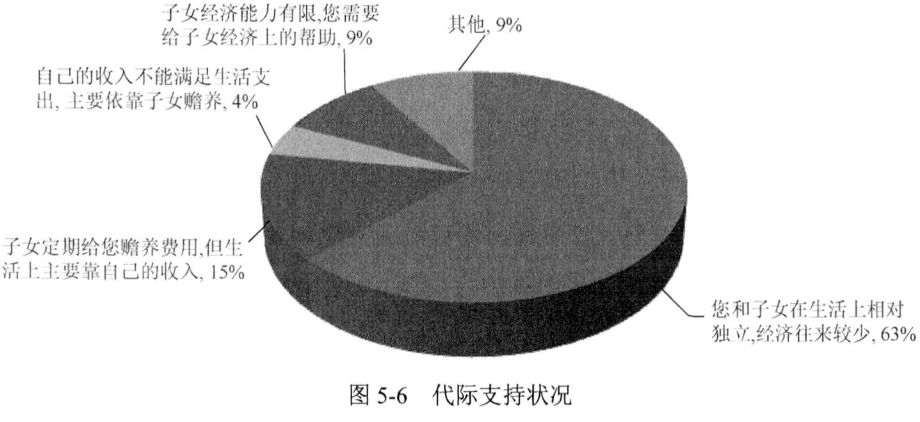

图 5-6　代际支持状况

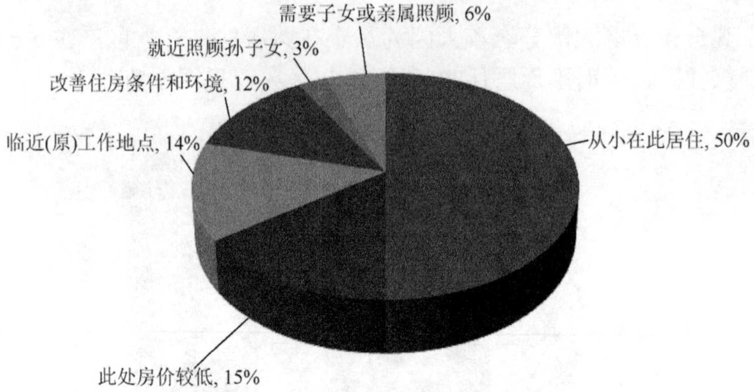

图 5-7　老人居住该社区的原因

（3）老年人对社区环境的整体满意度较高，其中最让老年人满意的是社区的就医、出行和购物方便程度，卫生环境则差强人意，见图 5-8。

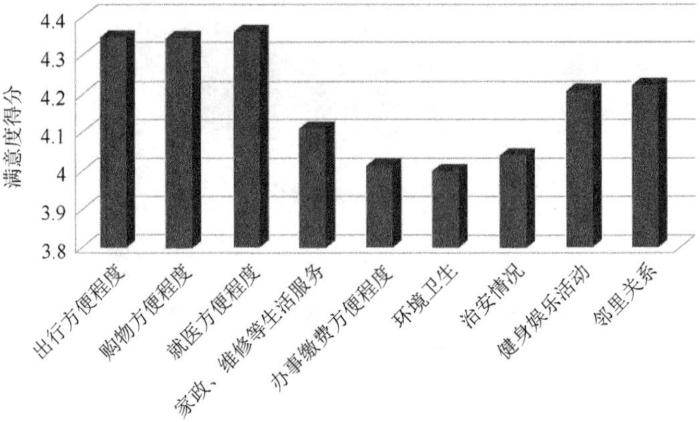

图 5-8　老年人对社区环境满意度状况

5.1.2　太平通津社区老龄化成因分析

1. 人口自然增长率下降引起人口年龄结构趋向老龄化

2010 年，太平通津社区所在的人民街道人口出生率为 5.57‰，比 2000 年的 6.02‰下降 0.45 个千分点；2010 年人口死亡率为 13.41‰，比 2000 年的 13.05‰升高 0.36 个千分点；总体人口自然增长率为–7.84‰，比 2000 年下降 0.81 个千分点，街道新生人口数量少，总人口中少儿人口比例从 2000 年的 13.33%大幅度下降到 2010 年的 7.94%。根据第六次人口普查长表数据计算，太平通津社区 2010

年的人口出生率为 4.10‰，低于人民街道的出生率水平，人口自然增长率也为负值，少儿人口比例基本与人民街道的 7.94%持平，为 7.95%，但是老年人口比例却高达 18.21%，比人民街道的 16.64%高出 1.57 个百分点。可见太平通津社区因为出生率低而引发老年人口比例不断增大，使社区人口年龄结构不断趋向老龄化，老龄化程度日趋严重。

在调研过程中，我们深切感受到计划生育政策在城市地区执行贯彻较为彻底，并且由于多年来的执行效果影响兼之现代生活水平的提高，深深地影响了城市居民的生育观念和生育意愿，我们在对社区老年人的访谈中从侧面印证了这一点。

“我们八十年代响应国家号召，只生一个好。现在几十年过去了，我们的孩子也结婚生子了，国家有了二孩政策，至于他们下一代怎么打算的，由得他们啦，有能力生就生，没能力再养一个的话，反正有一个也够了，还免得自己受苦太多。”（TPTJ03，女，62 岁）

“我儿子生了一个，孙子现在上小学了，每天都是我接送上下学，不接送不得行啊，不安全。其实生男生女无所谓，如今时代不同了，城市里头大把姑爷住在外家的，有时女儿还更懂得照顾父母。孩子们生不生二孩，他们怎么想的，我理不得他们那么多了，带得好现在这一个，全家安安乐乐的，就得了。”（TPTJ05，男，73 岁）

从城市老年人对生育的看法，可以反映出计划生育政策的效果和生育意愿的改变。计划生育政策以强有力的人为控制方式促进人口生育率的快速下降，加速了人口老龄化的进程，生育率下降成为当前人口老龄化最主要的人口学成因。与此同时，在计划生育政策影响生育率水平的过程中，经济社会发展所引致的人们生育意愿的改变也会显著影响生育率，大量研究已经表明经济社会发展状况与生育水平之间存在负相关关系，家庭生育孩子的意愿取决于家庭的经济收入和经济成本，当养育孩子的经济成本上升或者由于家庭收入水平提高而增加养育孩子的机会成本时，家庭的生育意愿就会普遍下降。目前经济的快速发展带来劳动力的人力资本投资提高，政府负担的生育福利项目大幅度削减，家庭养育孩子的机会成本大幅度上升，从而导致了家庭生育意愿的普遍下降。生育水平是受到外部和内部双重因素的影响而发生变化的，外部因素是以人为施加的控制政策为主而强行人们做出的被动调整，而内部因素则主要来自人们为适应经济社会发展而做出的自发调节。

2. 人口自然加龄和老年人口沉淀是老龄化的主要原因

老年型后期老城区的老年人口比例一般都超过 16%，太平通津社区有近千的老年人口，总人口中老年人口占比因此高达 18.21%，老年人口中绝大部分为广州本地户籍，且80岁以上的高龄老人比例不小。社区人口住房来源中租赁公有住房的比例最高，达35%以上，购买商品房和购买原公用住房都占到15%以上，此外还有8%的少量私人自建房。调查数据显示，社区中老人的平均居住年限为39年，因早年工作、结婚而搬入或世代居住于此，多数从家庭生命周期的较早阶段就开始居住。据社区居委会的工作人员介绍，居住在这里的老人中很少有从外地搬来的，老人或是从小就在老城区长大、生活了几十年的"老广"，或是企事业单位的退休老人。

"这间房啊，我很小的时候，大概20世纪50年代就住进来了，一直住到现在没搬迁过。"张伯（RM02，男，75岁）

"我以前在街办工厂工作，结婚后家里有老人有子女，都是租住在这间单位的公有住房，面积都挺宽，算是三层，每层有二三十平方米，几个子女大了之后搬了出去，都各有各的家，现在就和老伴两个人住，都挺不错的。"（TPTJ05，男，73岁）

在老人处于家庭生命周期的后阶段时，其子女逐渐成年，组建新的家庭后搬出，而老人仍然居住在原有住房中。也有老人生活不是很如意的，在这个历史发展悠久的地区中，仍有些老人住在面积狭小的老房子中，房屋设施较为简陋，居住环境较差。调研中发现，这些老人以企业退休职工为主，原属单位多为规模小、效益一般的集体企业或三资企业，退休后的收入主要来源于社会养老保险，月均收入在2 000元左右。老人普遍表示支付日常生活和看病买药的开销后虽稍有剩余，但仅凭自己的积蓄仍无法购买昂贵的商品房，居住环境难以得到改善。尽管老人对其居住状况并不满意，但因受到经济条件限制而无法搬迁，被动留守于此。

"不满意有什么用？想搬也没地方搬，现在房子这么贵，（养老金）每个月2 000元多一点，我身上毛病多，看病吃药都花掉好多钱，哪有钱买房？"（TPTJ04，女，76岁）

在计划经济时期"单位办社会"的思想引导下，城市居民的工作、生活都依托于单位的独立空间单元，形成了"单位"式的就业、居住空间，当时的企事业单位职工现今的单位退休老人的工作和分房经历，始终都围绕单位来进行。其年轻时出于工作原因从外省或广东其他地区来到广州，或出生在广州，工作几十年，一辈子都属于这个单位，其迁居过程也大多经历过多次搬迁，而其搬迁经历都有着住房条件随家庭生命周期和职称变化逐步改善的特征。对于国营企业或工厂单位的退休老人来说，单位福利分房是他们住房的主要来源。在转制以前工作单位的效益决定了职工福利，国营企业和事业单位的职工福利待遇比普通集体企业要好，能获得多次分房的机会，拥有逐步改善居住环境的可能。

"最早就是集体宿舍，都是给单身的住的。后来结了婚，厂里分了房，也就十几平方米，在海珠区，再有了小孩，住不下了，就跟上面申请，就拿到一套再大一点的，再后来就分到了现在住的这套，五十多平方米，这楼里不只是我们单位的，还有别的单位。我们 1995 年花 3 万多元买了下来了。当时分房都是按工龄啊，家里人口数来算分的，谁的分高，谁就有房。”（TPTJ05，女，80 岁）

通过住房制度改革，大多数退休老人以低价购买到了原单位的福利房，通过房改售房拿到了住房产权，这些房屋多建于 20 世纪 80 至 90 年代，住房面积在 50～80m^2，再加上成熟社区内一般拥有较为完善配套的设施，商店、肉菜市场、幼托、学校、医疗机构等一应俱全，被调查的老人中对居住环境的整体满意度较高，尤其是社区的就医方便程度、出行方便程度和购物方便程度最令人满意。虽然一些大型企业在改革开放后发生了体制转型，但这对已经退休的企业老职工来说，并未产生太大影响，拥有稳定的养老金和自由产权住房使得老人认为无搬迁必要，选择主动留在单位房社区中。

“没必要搬啊，都住习惯了，这里挺好的，菜市场离得近，平时买东西很方便，前面就有公交车，出门也方便。不得病就好，我们老年人现在对房子没有要求，再大也不需要了。”（TPTJ06，女，71 岁）

此外，单位大院内稳定的社会网络和邻里关系，也是导致老人晚年不愿迁居的重要原因。有学者分析了老年人的社会支持与生活满意度之间的关系，研究表明，邻居、朋友和社区工作人员在老年人精神、心理支持中的娱乐交往上发挥着重要作用。而搬迁意愿直接受居住满意度的影响，对居住环境越满意，老人的搬迁意愿越小。长期以来，在单位中人与人之间的交往一般同时需要扮演同事、朋友、邻里等多重角色，生活工作上交往密切，随着时间推移，这种人际交往上的信任感和归属感便逐步建立起来。特别是对于老年人来说，因为行动能力退化，退休以后的社会网络逐渐缩小，更加依赖于年轻时候在工作单位建立起来的社会支持关系，一旦脱离原有的单位住区搬至其他地方居住，会在一定程度上造成老人心理上的孤独感。

“我现在自己住，老婆不在了，儿子、女儿他们平时太忙，偶尔会过来看看我……没事就会到这（星光老人之家）来打牌下棋，经常在一起打牌的都认识了。……你要我搬到哪里去啊，在这里住了这么多年，左邻右舍都熟悉，搬到别处去我都不认得人，不可能搬的。”（TPTJ07，男，73 岁）

社区中有一定数量的退休老人离开自己的住所居于别处，多为出于帮扶或依靠子女的原因而产生的晚年迁移，形成“空挂户”，前者会时不时回家看看或者回归社区，后者则可能形成事实上的迁居。老人在自己和子女住处之间的往返迁移带有明显的目的性，其晚年的迁居决策是对子代家庭需要、自身健康状况和行动能力综合考虑后的结果。

“我就是因为要帮忙带孙子才去孩子家住的，现在生活压力大啊，他们每天（儿子、媳妇）自己的事情都搞不完，还要照顾小孩，我要是不去他们根本带不过来。

以后还是要回来的，毕竟是自己的房……等小孩再大一点，不用大人怎么管的时候，我就不去了，年轻人有他们的事，还是各过各的好。”（TPTJ08，女，69岁）

总的来说，老年型后期老城区的社区以单位退休老人集聚为主的老龄化现象，主要是由于20世纪20至40年代出生的同龄群体因单位原因而聚居于此，并且因为成熟社区内较为完善的配套设施以及几十年来老人们建立起的稳定的社会网络使老人对原有居住环境产生了强烈的依赖感而主动留居在原有的单位住房内，长期沉淀并自然老化而形成的。

3. 非老年人口迁出加重老龄化程度

太平通津社区所在的人民街道单身老人户和只有一对老年夫妇的户占有老年人家庭总数的1/4，说明空巢老人户数量不少。从调研情况来看，大多数老人生育有1～2个子女，其中与老年人同住的比例超过半数，没有与老人共同居住的子女选择独立居住的原因依次为靠近工作地、改善住房条件或购买房改房、自己成家独立出去，说明这些老年人的子女一般有正式的工作，工作单位好的福利待遇较好，可以自己或在家庭支持下购买公房或商品房独立居住。因而被调查老年人多数与子女经济独立，只有少部分子女定期给父母少量赡养费用。

根据调研数据，搬离父母家的子女选择居住的地区主要是海珠区、越秀区、白云区和荔湾区等，这点与前文所述各区迁移人口分布比例最高的白云区、番禺区和天河区存在差异。其主要原因是前文所指的迁移人口包括了外来人口，其数量远远大于户籍人口的迁居，因此迁移人口分布集中的区域并不一定是户籍人口迁居集中的区域。有学者研究发现，户籍对住房区位选择有显著影响，在选择中心城区和选择郊区之间，广州本地户籍人口因为地缘、亲缘等因素更可能选择中心城区[155]。从这些老年人子女选择的地区看，大多还是选择在离父母家附近的城区居住，如海珠区与旧城区只隔珠江相望并且房地产市场逐渐发展，房价相对中心区更具竞争优势，因而成为老年人子女迁居的首选之地。越秀区和荔湾区也因为旧城改造新建了不少商品房小区而受到这些家庭的青睐。白云区则因离中心城区不算太远且房产具有性价比而被他们所接受。

“我有一儿一女，都各自在外面买房子住，一个住在越秀这边靠近他们公司的新建商品房，小区就是当时旧城改造时新建的，他们上下班方便；另一个买到了海珠那边，那里住房质量比较高，绿化环境也比较好，小孩上学也比较方便。当时主要考虑亲戚朋友都在越秀区这边，这样每逢节假日，亲戚朋友聚餐热闹很方便，而且离我们和亲家都比较近，方便大家互相照顾。”（TPTJ09，男，72岁）

总的来说，老城区中老年人口的成年子女因求学、工作或组建新的家庭而迁出原来的大家庭，老年人口仍留居原处而逐渐沉淀下来，从而加重了老城区的老龄化程度。

4. 外来人口一定程度影响老龄化进程

根据人口普查数据，2010 年太平通津社区常住总人口为 5 482，其中户籍常住本地人口 3 527，外来（非本市户籍）人口 1 139，外来人口比例为 20.78%，其中，迁移原因占比最大的是务工经商和拆迁搬家，分别占总迁移人口的 44.82%和 30.44%；就业人口的职业构成以批发和零售业为主，占比为 43.57%；太平通津社区所在的人民街道 2000 年行业构成中主要的商服人员比例为 46.60%，2010 年增加到 61.52%，商服人员比例增加了 14.88 个百分点；人民街道 2000 年和 2010 年人口教育程度均以初中、高中文化水平为主；另据《越秀年鉴（2010）》，人民街辖内产业结构中 100%为第三产业，以批发、零售、餐饮、其他服务业为主。综上所述，人民街道太平通津社区的外来（非本市户籍）人口主要为受中等教育水平从事批发和零售服务业的劳动年龄人口。

随着住房市场化不断深入，在城市化的背景下，大量的外来人口通过购买二手房或选择租住而迁入传统街区，有经济能力的则购买了商品房，以成年人口为主的外来人口会在一定程度上改变老城区的人口年龄构成，缓解老城区的老龄化趋势，但由于低端服务业的职业准入门槛较低，所以人员流动性大，其对老城区老龄化的影响作用并不稳定。

5.2　黄沙塘村——老年型初期传统农村镇区

5.2.1　黄沙塘村特征分析

黄沙塘村位于赤坭 S114 线路边，面积约 5.8 km^2，下辖 9 个村民小组，常住人口为 2 081，地处赤坭镇西北部。村委会距花都区约 19 km，离赤坭镇 4 km，只有一条过境公路，地处丘陵山岗地带，地缘优势较弱。村委会利用本地的特点发展村级集体经济，承包经营鱼塘、山地等，形成了鱼塘养殖、花生和水果种植三大产业的发展模式。

根据 2010 年广州市第六次人口普查数据统计，黄沙塘村社会特征如下。全村常住人口为 2 081，71.4%为本地户籍人口，以农业人口为主，家庭户平均人口数较小，为 2.64 人；村民教育水平较低，以初中和小学学历人群为主；职业结构以从事农林牧渔水利生产人员为主；大部分村民没有外迁倾向。村民大部分住房为建设时间集中在 1980—1999 年的自住性生活用房，以占地面积 51～80 m^2、居住面积在 150 m^2 以上为主，见图 5-9。

图 5-9　黄沙塘村内部建筑与周边环境

资料来源：作者拍摄。

老年人口和老年家庭基本属性特征如下。

（1）全村 95%以上老年人健康状况良好，71%老年人为已婚，老年人文化水平普遍很低，大部分为小学及以下学历；绝大多数老年人均为农民，都已不再工作，其生活来源主要为养老保险、政府或社会救助最低生活保障金，以及家庭其他成员供养，有一半以上的老年人平均每月生活费在 500 元及以下见图 5-10。

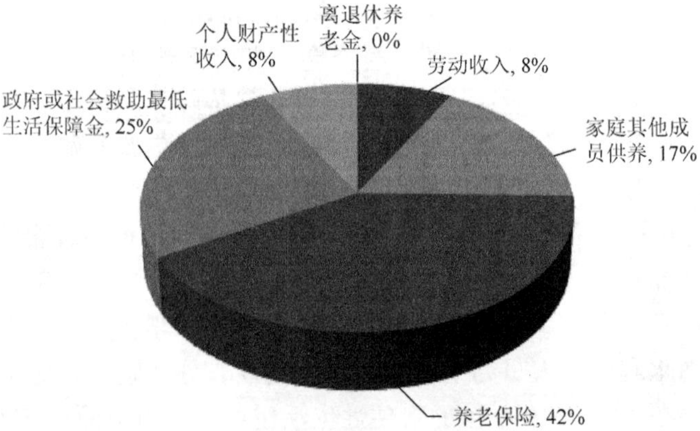

图 5-10　60 岁以上老年人的生活来源

（2）老年家庭居住方式以老人与其配偶共同居住的两人户和两个老人与未婚或已婚子女或孙辈共同居住的三人户为主，大多数老年人的子女外出花都区新华街道打工，同时能就近方便照顾父母。老年家庭代际支持状况以老年人和子女在生活上相对独立、经济往来较少为主。老年人虽然每月收入不多，但生活消费水平较低，基本上能够保持经济独立。此外也有部分子女会定期给老年人一定的赡养费，见图 5-11。近 90%的老年人从小在村里居住，因为对该村产生了认同感和依赖感，习惯于这里的生活，子女大多有自己的生活或是距离不远，且也没有搬迁的资金，所以几乎所有的老年人都没有迁移出去的打算。

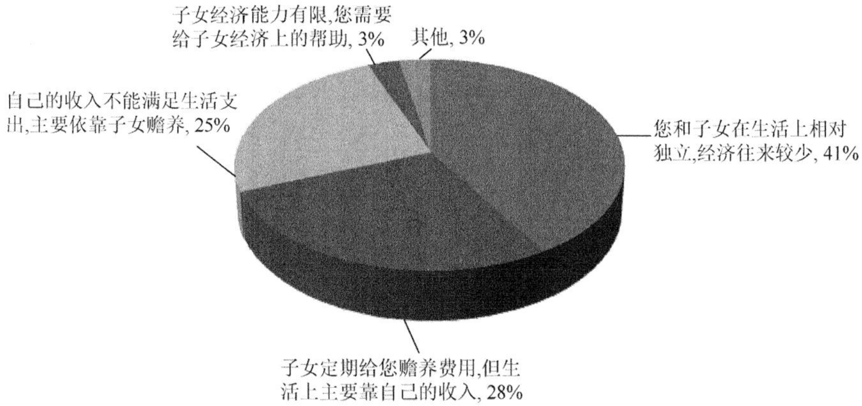

图 5-11　代际支持状况

（3）老年人对社区环境的整体满意度较高，其中对邻里关系、环境卫生和就医方便程度三方面的满意度高，对家政、维修等服务满意度较低，见图 5-12。

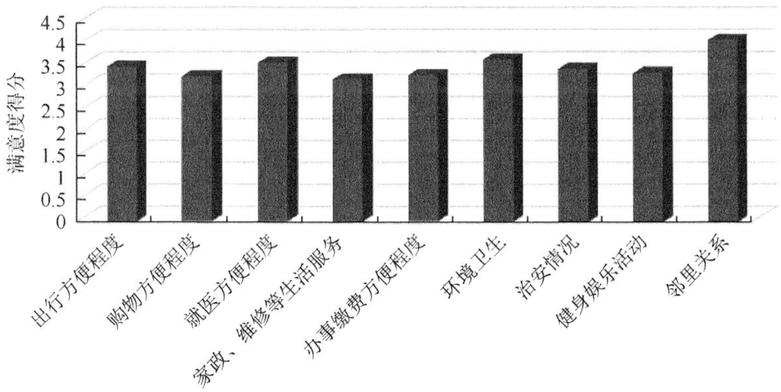

图 5-12　老年人对社区环境满意度状况

5.2.2 黄沙塘村老龄化成因分析

1. 人口生育率下降引起人口年龄结构趋向老龄化

2010 年，黄沙塘村所在的赤坭镇人口出生率为 10.50‰，比 2000 年的 7.78‰上升 2.72 个千分点；2010 年人口死亡率为 7.90‰，比 2000 年的 7.43‰升高 0.47 个千分点；总体人口自然增长率为 2.60‰，比 2000 年上升 2.25‰，但是由于总和生育率仅为 1.16‰，低于总和生育率为 2.1‰的更替水平太多，仍然导致新生人口数量少，总人口中少儿人口比例从 2000 年的 22.06%大幅度下降到 2010 年的 10.77%，甚至比城市社区的下降幅度还要大许多，因此老年人口比例从 2000 年的 11.94%增加到 2010 年的 13.63%。根据第六次人口普查长表数据计算，黄沙塘村 2010 年的人口出生率为 12.74‰，高于赤坭镇的出生率水平，因而少儿人口比例也相应比赤坭镇高，为 15.56%。由于人口死亡率较高，为 19.11%，人口自然增长率也为负值。人口死亡率较高并不意味着老年人口比例的下降，它可能意味着前一时期老年人口数量较多，因此其老年人口比例仍然为较高水平的 13.96%，比赤坭镇的 13.63%略高出。可见，黄沙塘村虽然出生率略高，但仍然因为总和生育率远低于更替水平而致使在少儿人口比例上升的同时老年人口比例继续上升，使社区人口年龄结构不断趋向老龄化，老龄化程度日趋严重。

对农村社区的调研也反映了实行计划生育政策后生育意愿的变化。在调研中遇到的较少的年轻受访者之一——A 女士，26 岁，土生土长的农村社区人，生育了一个小男孩的年轻妈妈，就职于花都区某事业单位部门主管，她的观点代表了年轻一代的心声：

“我生了一个儿子，算是完成任务了，不考虑二孩了，经济负担太重，养不起。和我以前在村里的同龄人现在也大都结婚生子了，国家二孩政策出来后，像那些头胎生女孩的肯定会考虑的啦，毕竟受到夫家那边老人的压力不小。”（HST10，女，26 岁）

跟城市社区老年人观点相同的是，农村社区老年人多数是尊重儿女的选择，不过重男轻女的思想观念仍然有所保留，以致影响下一代年轻人的生育选择。

“如今生活好了，我们还可以帮帮忙，带带孙，所以当然希望儿女早点生孩子，只不过现在都由得他们咯。农村里面没有生男孩的话，传宗接代都成问题，始终还是要生个男孩才好。”（HST8，女，60 岁）

综上所述，计划生育政策作为外部因素，使人们做出生育的被动调整；经济社会快速发展而产生的内部因素是人们为适应经济社会发展而做出生育的自发调节；两者均加速了生育率的下降，致使在人口转变过程中老年人口比例持续上升，使社区人口年龄结构不断趋向老龄化。

2. 农村年轻劳动力向城镇转移加速老龄化进程

第六次人口普查数据显示，黄沙塘村所在的赤坭镇单身老人户数为 1 309 户，只有一对老年夫妇的户数为 600 户，这两项加起来占有老年人家庭总数的 35%，说明农村空巢老人户数量比城市多。赤坭镇有一对老夫妇与未成年人的户共有 54 户，而老城区的人民街道这一数值是 5 户，说明农村镇区老年人口的子女外出务工的收入待遇不高，较少能在外购房定居和供养孩子，只好将孩子留在农村老家与祖辈共同生活。从调研情况来看，大多数老人生育有 2 个以上子女，其中与老年人同住的比例为 36.76%，没有与老人共同居住的子女选择独立居住的原因主要为靠近工作地和自己成家独立出去，绝大多数年轻人的转移方向都是花都区新华街，偶尔有选择白云区的。

在调研过程中，村干部告诉我们，改变了农村生产生活方式的最重要的是农业生产责任制的推行，引起农业生产结构的改变。村集体将大部分农田改为鱼塘承包给村民养殖水产品，山地租给外来工人种植果树，现在几乎没有农田耕种粮食了。年轻人也嫌干农活太累都不愿意再种田了，作为农村剩余劳动力的他们纷纷迁移流动到城镇地区务工或经商，大多数老人留守农村而使老龄化程度不断加重。我们在村中观察也发现，如卫星图所示，村庄周围都被鱼塘包围，只有远处的山坡地上才出现一些果树，村民房前屋后只有一些零星菜地，确实没有看见水田种植水稻了。根据第五次人口普查和第六次人口普查数据，2010 年，黄沙塘村所在的赤坭镇从事农业生产的人员占总人口比例是 56%，比 2000 年的 59%有所下降，说明随着农业生产结构调整，人口行业类型也有所改变。

“我有三个孩子，两个儿子一个女儿，现在我跟大儿子住。……老大在家里干农活，小的在镇上做事，偶尔回来看看我。……打工的人多啊，到镇上的有，去市里面的也有，种田太累他们都不愿意干。”（HST9，女，81 岁）

“这个房子是我二十几岁时村里分给土地自己起的，然后我就在花都的东风日产公司上班了。现在子女也都大了，在花都工作成家，很少回老家了。村里基本没什么田地了，就是前面那里有点地有人种点菜，大部分都是到外面买菜的。村里的年轻人基本出去打工了，只有春节才回来，那些已经落户在城镇的春节回来也就是放放鞭炮，连年夜饭都不吃就走了。”（HST912，男，56 岁）

“我平时周末一般都带孩子回来休假、看望父母，毕竟这里空气比城里好多啦！……我父母在这里有养老保险和分红足够他们生活的，不用我们另外再给生活费。以前时不时会见到同龄的伙伴，村子里还算热闹，今天不知道怎么回事都没见几个人，想凑人打个牌都找不到人。”（HST10，女，26 岁）

可见，农村由于生产结构调整，产生较多的剩余劳动力，而城镇更多的工作机会、相对农村更高的收入和便利的生活条件对年轻人有较强吸引力，使得有一定文化程度的青壮年劳动力外流，引起农村老年人口比例逐渐升高，加速了老龄化进程。

3. 农村老年人口留守形成老年型区域

黄沙塘村有老年人口近300，总人口中老年人口占比高达13.96%，老年人口中绝大部分为本地户籍，之前均在村里务农。从调研结果来看，老人的居住方式以两夫妇同住为主，再加上独居和与孙辈同住的比例超过70%，可见农村老人中的空巢现象明显，这主要由于年轻子女外出务工所致。

村里住房基本都属于自建住房，黄沙塘村卫星图显示，北面的村居房屋为年代较为久远的祖屋，现在除了干亭朱公祠旁边几栋还有住家之外，全村都搬到了南面的新村房居住。从图上可以看到，新村居规划排列整齐，横竖笔直的道路可以直通每家房子。村里的老人告诉我们，新村居是20世纪80年代分田到户后，村集体统一规划按相同面积地块分给每家，并规定了每栋楼房相同规格后各家自己建造的。调研中我们感受到，现在这样的居住条件村民都比较满意，比旧村好多了，只是旧村的房屋空置，基本成了空心村，也造成了宅基地浪费。相比于城市老年人，农村老人的搬迁意愿更低，一是大部分年轻人出外是以务工为主，想要在城镇定居并不那么容易，所以老年人也大多基于现实安稳留守在家；二是长期以来习惯了农村的生活环境和稳定的社会网络关系，也使得老人较难适应城市的生活方式或融入新的社会环境。

“几个子女都去花都打工了，我跟老头子带个孙在村里住，还能搬去哪里？再说了，几十年住在这里都习惯了，天天劳动，身体还好。……农村也有农村的好，市区人太多，东西也贵。”（HST01，女，61岁）

由此可见，随着农村年轻劳动力选择到市区或街镇务工，农村老人或主动或被动地留守于居住了一辈子的农村，形成老龄化程度较严重的农村区域。

5.3 两类老龄化地域类型区的比较分析

5.3.1 老龄化社区特征比较

对两类老龄化社区有效样本的统计分析反映类型区老年人口属性、代际关系和住房、迁移等特征上的差异如下。

1. 类型区特征

老城区内街道社区一般地处繁华闹市，交通较为便利，商业气氛较浓厚，人流量大，具有从事商贸经济活动的优越区位，因此吸引不少外来人员从事商服业。由于中心区土地价格的优势也吸引了房地产商进行房地产开发，在政府主导下的旧城改造工作也促进了老城区的更新改造，新建商品房引来不少人口入住，形成新建筑和旧住房并存的城市物质景观。改造建设的发展规模逐步增大，其有限度的填充式新建住房一定程度上改变了老城区的居住空间，但局部的更新改造使老城区社会区保持原有的大部分特征，因此以往的社会空间结构得以延续发展。随着政府近年来投入资金力度加大，区内经济条件、物质生活水平、医疗卫生条件、文化氛围、公共服务设施状况等比郊区要好，社会保险、福利制度相对完善，老年人的精神生活也相对丰富充实得多。区内人口以户籍人口为主，外来人口占比近 30%，由于严格执行计划生育政策，人口自然增长率较低，人口自然老化严重，普通退休或低收入城市户籍老年人口高度集聚，大部分街道老龄化程度超过 16%；人口受教育程度以高、初中文化水平为主，住房多为改革开发初期建造的小面积公租房。老城区的多年发展导致人口密集、人员组成较杂乱、住房拥挤、居住环境较差、就业机会减少，使该区域人口逐渐出现向新城区的迁移现象，而迁移人群中以青年人居多。

广州市的远郊区以农村社区为主要社会特征，城镇化发展使其演变主要由农业区逐步增添城市区域特征过渡。改变了农村生产生活方式的最重要事件是农业生产责任制的推行，引起农业生产结构的改变，案例中的村集体将农田租让给外来工人种植果树或改为鱼塘养殖水产品，耕种粮食的农田面积大大减少，使得农村的年轻人纷纷迁移流动到城市地区务工或经商，大多数老人留守农村而出现不少老人独居户或纯老人户。随着人口年龄自然加龄，农村地区老龄化程度不断增长，形成老龄化程度较为严重的农村社区。区内人口以户籍人口为主，外来人口比例比老城区的比例小，可能是因为老城区的商贸经济活动更能吸引外来人口。由于执行计划生育政策比城区宽松，人口生育率相对较高，但自然增长率仍然较低，人口自然老化也较为严重。人口受教育程度以初中、小学文化水平为主，低于城区水平，住房多为 20 世纪 90 年代建造的 150 m^2 左右面积自建房。

2. 老年人口健康状况

对于老年人口的健康状况，两类老龄化社区的统计数据显示，占样本大多数的是身体健康和一般的老人，其中老城区社区的老年人口身体健康的比例比农村社区稍高，生活无法自理的老年人口比例比农村社区低，这可能与城区较好的卫生医疗条件和老年人自身较为注意身体保养有关，但是对比调查中同龄的较高龄老人身体状况则是农村老年人较好，不少老人尚能从事劳动或帮助子女料理家务，这又可能是因为农村老年人长年习惯于劳作而能减缓衰老的速度。

3. 老年人口文化水平

调查样本中，老年人口学历为较低水平，老城区老年人 72%为初中、高中学历，其余为小学或小学以下学历，而郊区农村老年人口文化水平更低，84%为小学或小学以下学历，这主要与老一辈人的成长时期我国教育发展水平较低有关。

4. 老年人口职业状况和收入来源

老城区老年人在年轻时候主要在企业单位从事专业技术人员和办事人员工作的居多，86%的老人为离退休人员；农村老年人口基本上以从事农业生产为主，除个别曾从事文化站的管理工作以外，大多数从未被雇用进入“单位”。

调查中发现，老城区中原来从企业或机关事业单位退休的老人主要生活来源是离退休金或依靠社会养老保险，农村地区的老人因为一直从事农业工作从未进入单位工作过，其生活来源主要为养老保险、政府或社会救助最低生活保障金，或依赖家庭其他成员供养和劳动收入。从老人月均收入上看，生活来源与单位性质有较密切的关联，不同单位性质老人收入有些差距。企业单位退休老人月平均收入一般在 2 000 元以下，机关事业单位退休老人月平均收入一般为 3 000～5 000 元，郊区农村的老人月平均收入一般不超过 800 元。

5. 老年家庭居住方式和代际支持状况

在现阶段我国仍然以家庭养老为主的传统养老观念影响下，绝大多数老年人晚年选择留居家中，其面临的养老问题和所获得的帮助支持会因为居住区域不同而有所差异。从样本分析来看，两个类型区老年人都是选择与其配偶共同居住的 2 人户居多，其次是与子女或孙辈共同居住的 3 人户，这是老年人居住的主要方式，可见大部分老人属于与配偶同住的“空巢老人家庭”。农村老人选择与子女或孙辈 3 人居住的比例比老城区老人高一些，这可能与农村生育率稍高、老人帮助子女照顾小孩有关。根据调查发现，老城区退休老人与郊区老人的空巢状况有相似的方面，一般是成年子女结婚成家后搬离老年父母的住房，从而造成老年父母的“空巢”留居。两个类型区“空巢”老年人的区别是郊区农村老人经济和生活条件相对老城区退休老人较差，老城区空巢老人多为主动留居型，对自己的经济和生活状况较为满意，一般不出现身体状况都不会接受子女的照顾，从 63%的老人和子女在生活上相对独立和经济往来较少的代际支持状况也说明了这一点。农村老人选择和子女在生活上相对独立的代际支持状况比例也是最大的，达到 41%，其依赖子女赡养的比例并不大，这主要是因为推行了新型农村社会养老保险，老人每月还能从村集体中获取一定分红，总体上来说能够支付其自身日常养老开支。

6. 老年人口住房、迁移和对社区满意度状况

老城区老年人以租赁共有住房和购买商品房或原公用住房为主，郊区农村老年人居住的是自建住房，虽然居住条件各有不同，但两种老龄化社区老年人都因为多数人从小在此居住，对社区产生熟悉感和依赖感，且对社区环境的整体满意度较高，所以都不轻易离开社区。

通过对两种老龄化社区老年人的各种特征属性指标的实地调查数据对比分析，可验证 8 类老龄化地区的划分基本上符合客观经验事实，能够体现出老年人口内部较为明显的社会结构属性差异。

对老年型后期老城区类型的人民街道太平通津社区和老年型初期传统农村镇区类型的花都区赤坭镇黄沙塘村两类老龄化社区进行调查，有效样本的统计分析反映两种类型区老年人口属性、代际关系和住房、迁移等特征有差异也有相似之处，差异主要表现在类型区社会经济特征和老年人口职业状况、收入来源和住房方面，在老年人健康状况、文化水平、居住方式、代际支持状况、迁移和对社区满意度等方面则有其相似之处。

5.3.2　老龄化社区成因比较

对两类社区老龄化成因的分析发现，老年型后期老城区的社区老龄化现象，主要是由于单位退休老人集聚并且对社区物质生活配套设施和社会网络的依赖性而主动留居和长期沉淀并自然老化，同时其成年子女出于各种原因迁出而形成的。城市远郊农村的老龄化实际上是伴随农村城市化过程而进行的，一方面受到农村地区安土重迁、落叶归根等传统思想观念的影响而导致人口自然加龄，青壮年剩余劳动力的外迁又进一步加重了该地区的老龄化程度。

虽然表面上两类老龄化社区成因都有人口增长率下降、人口自然加龄和老年人口存留集聚、非老年人口迁出的相同影响因素，但是其内里的驱动机制却不尽相同，如城区老年人是由于城市社会的单位制和住房制度等集聚居住，其成年子女是由于住房制度改革后得以自由迁居；农村老年人是因为户籍制度等集中居住，其子女则因推行农业生产责任制和户籍制度放宽而得以向城镇地区转移，寻求更好的发展空间；等等。因此，下一章将透过人口自然加龄和人口迁移的表面现象，深入分析广州市老龄化空间结构的演变机制。

第6章　广州市人口老龄化空间结构演变机制

人口老龄化是一个复杂的人口过程，影响城市人口老龄化空间差异的因素包括人口、经济、社会、文化等多方面原因，一般通过影响人口的自然增长和人口迁移变化体现出来。在一个城市区域范围，虽然也存在不同圈层人口自然增长的约略不同变化在一定程度上影响城市各圈层人口老龄化的空间分布，但形成城市人口老龄化空间差异的主要原因还是在于不同圈层人口迁移的变化程度明显差异，不同年龄人口的迁移变化会影响不同圈层地域的人口年龄构成，进而影响城市人口老龄化空间结构，尤其广州这样一个人口快速增长和外来成年人口占比大的城市，人口自然增长固然是影响老龄化空间结构演变的主导因素，但人口迁移的影响作用越来越显著。本章即从政策、经济发展、城市规划和建设、个人和家庭 4 个方面因素影响城市人口自然增长和不同年龄人口的迁移变化入手，解释广州市人口老龄化空间结构演变的过程和形成机制。

6.1　政策对老龄化空间结构影响

6.1.1　计划生育政策加速了人口老龄化过程

西方学者的人口转变理论认为，人口生育率下降是导致人口年龄结构向老龄化转变的主要人口学原因，而另外的人口学因素：人口死亡率下降和人均预期寿命延长主要起的是使人口老龄化程度愈加严重并使得高龄化趋势显著的作用，死亡率和人均预期寿命的变化主要是因为经济社会发展引起医疗卫生技术进步所影响的，因此是社会进步的必然结果。在人类社会发生人口转变的自然而缓慢的过程中，排除外部因素的影响，影响人口转变过程的最主要内因是人口生育率的变化。多数国家的人口转变过程都是随社会经济发展而发生的缓慢过程，人口年龄结构经历一个从高少儿人口比例到高劳动年龄人口比例再到高老年人口比例的缓慢转变过程，国外发达国家经历了前后约 150 年时间的与工业化和现代化相伴随的人口渐进转变过程。与国外相比，中国的人口转变发生背景则大不相同，在社会经济尚不发达的情况下人口年龄结构发生了从高少儿人口比例直接转变为高老年人口比例的快速变化过程，其中最主要的原因是受到了重要的外部因素影响，即计划生育政策的实施。

中国人口转变的历程大致经历了以全国解放和计划生育政策的实施为界限的人口年龄结构变化三个阶段。第一阶段是中华人民共和国成立之前，人口发展呈现出高出生率、高死亡率和低增长率的传统型人口再生产类型。第二阶段为中华人民共和国成立后到 20 世纪 70 年代初，由于医疗卫生事业发展和人民生活水平不断提高，人口死亡率出现快速下降而人口出生率保持较高水平，使人口增长率快速上升，人口发展经历了人口生育高峰，从而少儿抚养比上升，进入了人口再生产类型由高出生率、高死亡率、低增长率转变为高出生率、低死亡率和低增长率的阶段，这是高少儿抚养比开始向高劳动年龄人口比转变阶段。第三阶段为进入 20 世纪 70 年代以来，在全国范围内开始实施计划生育政策，并且以坚持严格的计划生育政策为基本国策逐步加大政策力度和强力推行，经过 30 多年的政策实施后人口出生率由 30‰左右持续下降至 20 世纪末的 12‰左右，同时人口死亡率继续稳定下降至 7‰左右，人口自然增长率也从 16‰下降至 5‰左右，由此人口再生产完成了向低出生率、低死亡率和低增长率的现代型人口再生产类型转变的阶段，此时人口年龄结构从高劳动年龄人口比向高老年抚养比阶段转变，到 20 世纪末 60 岁及以上老年人口占总人口的比例超过了 10%，进入了老龄化阶段。

人口转变的产生是人口发展与经济社会协调发展的自然客观结果，如果人口发展与经济社会发展的协调出现问题时就需要施加外部因素影响使其能彼此相互协调发展。20 世纪 70 年代中国人口发展出现了人口快速增长严重超过经济社会发展水平的主要矛盾，自发的人口转变过程将由于经济发展落后和多子多福传统生育观念影响而经受一个痛苦而缓慢的过程，因此中国在人口转变自然过程中加入强有力的人为控制因素，实行计划生育的人口政策主动干预，直接影响导致了人口出生率快速大幅度下降，成为世界范围内原来处于同样生育水平的国家和地区中生育率下降最为显著的国家，跨入了低生育率水平国家的行列。总体来看，计划生育政策通过影响出生率迅速下降而有效控制了人口的自然增长，大大加快了中国人口转变的进程，仅用了 30 年的时间就完成了西方发达国家用了 100 多年时间才完成的人口转变历程，使得中国人口年龄结构发生了显著的变化，中国正在经历快速的人口老龄化过程。

20 世纪 90 年代以来，中国整体生育水平已经低于更替水平，虽然众多文献对有关中国总和生育率水平的估计持有不同的观点，没有形成一个标准的权威结果，但是各方存在的一个基本共识是，计划生育政策使中国生育率水平大致形成波动下降的变化趋势，影响总和生育率降至更替水平以下。因此可以说，计划生育政策以其强有力的控制方式直接促进了人口转变过程的最主要内因——人口生育率的迅速下降，加速了中国人口转变的进程，有效控制了人口的自然增长，同时也使人口年龄结构发生了显著变化，加速了人口老龄化过程。

至于广州的具体情况，由于 20 世纪 70 年代以来计划生育政策的全面推行，使人口出生率和自然增长率持续下降至 2000 年以后的低于全国水平 10‰以下出生率和 5‰以内自然增长率，由有效控制生育率水平达到了控制人口规模的目的，完成了人口发展由高出生率、高死亡率和低增长率的传统型人口再生产类型向低出生率、低死亡率和低增长率的“三低”现代型人口再生产模式的转变，人口年龄结构也发生了从高少儿人口比例到高劳动年龄人口比例再到高老年人口比例的显著变化，于 1992 年进入了老龄化社会，因此同样面临人口老龄化的严峻挑战。

6.1.2　土地使用制度改革影响老龄化空间格局

中国的土地使用制度改革是社会转型的重要内容之一，从传统的土地无偿使用制度转变为土地有偿使用制度，主要的改革内容体现在：一是改变原来土地资源单纯由政府主管部门靠行政权力、组织资源来行政划拨使用的方式为有偿出让、转让土地使用权为主的方式；二是改革土地使用者不交付土地使用费为向其征收土地使用税；三是改变土地使用的无限期、无流动为有限期合法转让。这种重点引入市场机制促进土地市场发展的改革使城市土地制度符合地租地价理论的规律，提高了国家土地资源的使用价值，促进城市经济发展。同时，伴随着城市土地市场化改革，城市住房制度也由传统的国家福利分房向住房市场化转变，使市场逐渐代替国家和单位成为城市居民住房的供应主体，市场化的城市土地和房地产形成地租、房价空间差异促使社会阶层进一步分化。

城市房地产价值因为土地和住房制度的改革而出现激涨，在此利益驱动之下，政府和企业进行城市经营的角逐。不同空间区位、供求关系的城市土地在市场竞争条件下形成不同的地价。广州“退二进三”“腾笼换鸟”的政策的实施，城市中心区土地价格的节节上升迫使老城区原有老企业外迁，逐渐取代的是承租能力高的高端商服等行业，明显改变了广州老城区原有的用地结构，随处可见价格昂贵商办住综合大楼高高耸立，可见商务、办公、金融服务业等用地逐渐增加；城市郊区也由于政府实施的“退二进三”“腾笼换鸟”政策成为老企业外迁地和新产业聚集地，从而促进了城市空间向外延伸扩展。

从广州城市商品房价格的变化可以看出地价机制所起的作用。近几年全市各区商品房平均价格保持高速增长，整体来说呈现商品房价由中心城区往外围逐渐由高下降的格局，而且内城区与外围区的地价差别越来越明显，见图 6-1。进一步对比分析各区新建商品房价格，最高的是天河区，这与天河区定位为广州新 CBD

的地位有关，其次是越秀区、荔湾区、海珠区等依次下降，价格最低的是南沙区。各区商品房价格年增长率的对比，最高为萝岗区，然后依次是番禺、越秀、荔湾等区，花都区最低。从各区存量住房交易价格来看，老城区范围内的越秀区、海珠区、荔湾区和天河区的价格也一直在上涨，与近郊的区域相比仍存在较大的差距，可以看出，由于中心商务区功能的扩张和老城区部分旧城改造，中心城区逐渐演变为中高收入阶层的居住社区，中心城区外围和近郊区接收原城区外迁企业和新产业的同时成为城市工薪阶层的居住社区。因此可以说，在地价机制作用下，城市空间产生了由中心向外围的功能分化和以地价为基准的分层现象，使城市布局发生各类空间要素的重构，通过住房价格的空间变化不仅反映区域经济水平的高低分层，同时也体现城市不同人群的社会分层，其中尤其反映在旧城空间的作用最大，使得旧城空间中人口社会空间分化日渐明显。从某种意义来讲，地价机制作用下城市房地产市场住房价格空间变化在很大程度上促进各年龄人口向城市外围迁移扩散，从而影响老龄化空间格局。

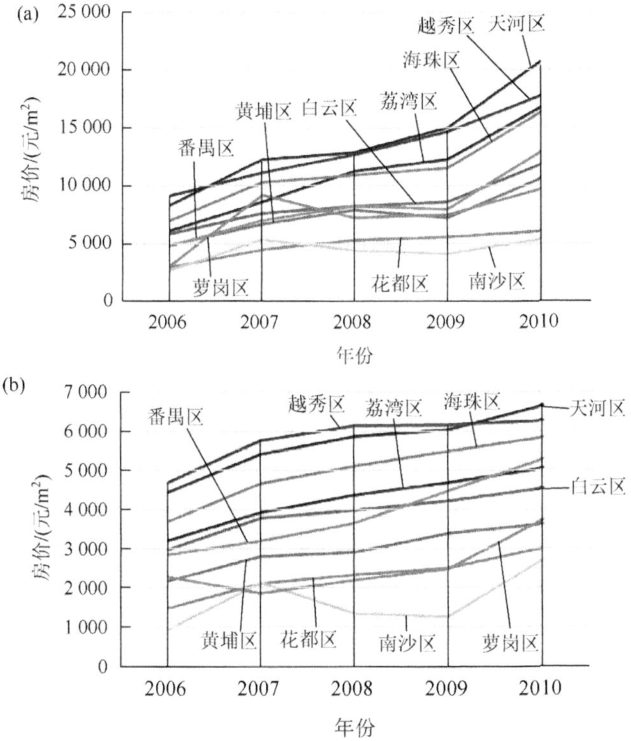

图 6-1　2006—2010 年广州市各区新建商品房价格和存量住房交易均价变化

（a）新建商品房价格，（b）存量住房交易均价变化。

数据来源：根据阳光家缘网站公布各月数据计算得出。

6.1.3 住房制度变迁影响居住空间分异

城市住房制度经历由按单位分配福利分房制度转变为住房分配货币化、商品化的全面市场化改革，使得不同年龄人口的迁移分化逐步改变了以往单位制下的居住空间，从而影响城市老龄化空间格局。

自中华人民共和国成立后，与户籍制度与福利制度相对应出现了城市制度化的社会实体——单位，长时间内成为城市组织产出活动、实行住房配套、提供各类社会化服务等诸多社会福利制度的基础单元，城市因此形成产业空间、居住空间契合度较高的分布格局，在相当长时期内决定着我国城市的社会空间分异。改革开放前，按照国家的住房制度，广州市实施的是按单位分配的福利分房制度，由单位建设住房并按各种条件分配给职工居住，家庭住房选择自由度极低，不同职业人群按照单位性质和身份级别的变化发生居住空间分化，之后城市人口尤其是老年人口的居住空间受其影响深刻。住房制度改革自 1980 年开始，在推行公房补贴出售的改革后实行房改售房，到 1998 年全面实行住房分配货币化、商品化的政策改革。

广州市经历住房全面市场化改革之后，单位公房原住户大多通过购买原分配公房取得了住房产权，拥有了重新选择家庭住房的自由，不同年龄人口的迁移分化逐步改变了以往单位制下的居住空间。在旧城区的越秀和荔湾区是计划经济时期单位集中区域，大多居住着住房改革时已经或临近退休的单位职工。根据第六次人口普查数据计算越秀区和荔湾区的迁移人口数分别占全市迁移人口总数的 6.21%和 7.11%，属于迁移人口比例较低的区域，中心城区的年轻新移民人数也较少，说明原居住于旧城区的这部分单位职工人群受种种原因影响，大多选择留居原地，随着人口自然加龄，该区域逐渐成为老年人口高度聚集之地。另一方面，旧城区公房设施功能较新建商品房落后，拥有了住房选择自由的年轻职工倾向于向外围新商品房区域迁移，更加剧了旧城区人口老龄化程度的加深，促进城市中心城区老龄化空间类型由老年型初期向老年型中期和后期空间类型的演变。

在城市郊区的农村区域，实行农村生产责任制后，由生产率提高而产生大量需要转移的剩余劳动力，在巨大的现实需求冲击下，严格限制城乡人口流动的传统户籍制度得以放宽。城乡和地区间的巨大发展差异使得大量农村劳动年龄人口向城市迁移寻求工作机会，农村老年人口残留集聚导致郊区农村地区人口老龄化程度加深，年轻人口流入的城市开发区域老龄化进程得以大大延缓，由此影响了城市外圈层的老龄化空间类型，具体体现在老年型初期传统农村镇区和年轻型城市新开发区的演变。

6.2　经济发展对老龄化空间结构影响

6.2.1　产业结构调整下新产业空间吸引了大量劳动年龄人口

改革开放以来，在社会经济转型推动下，市场经济的价值规律作用于城市经济发展，级差地租作用的结果是将占据着中心城区优越区位的旧工业项目推向市区外发展，以实现市区土地资源的合理利用。由此，广州市进行产业结构调整的措施是逐步外迁传统的工业区并进一步优化提高、城区优先发展服务业、市郊积极发展都市型生态农业。在这一产业发展战略指引下，广州城市产业空间迅速拓展，新建成萝岗经济技术开发区、高新技术开发区、保税区、出口加工区、南沙经济技术开发区等涵盖机械制造、精细化工、生物医药、信息产业和邻港物流等主导行业的产业发展区域。新的城市中心——天河区集聚了众多生产性服务业部门，由于交通条件的日益改善，白云、海珠和番禺等区也不断涌现新的工业集中区。随着产业空间发展，广州市经济增长速度加快，自改革开放以来的 GDP 和人均 GDP 持续增长，产业结构同时发生较大变化：第一产业比例逐步下降到较低水平，第二产业比例也呈现持续下降态势，第三产业比例则稳步增大，见图 6-2。这说明广州产业结构正逐步由传统工业生产为主向以生产性服务业为主的第三产业转变。

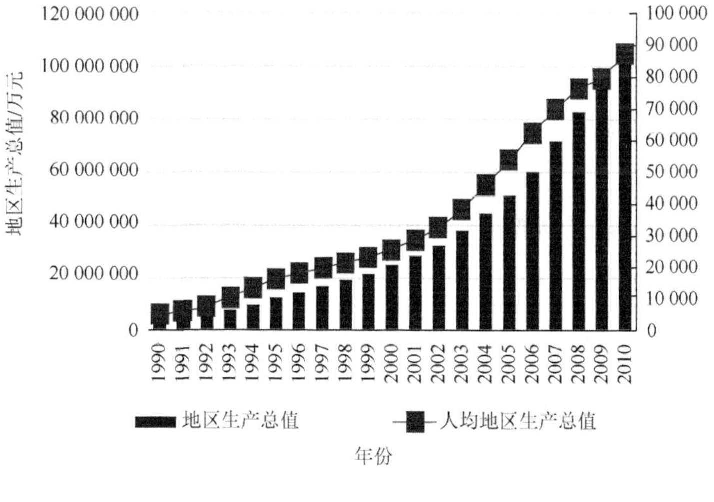

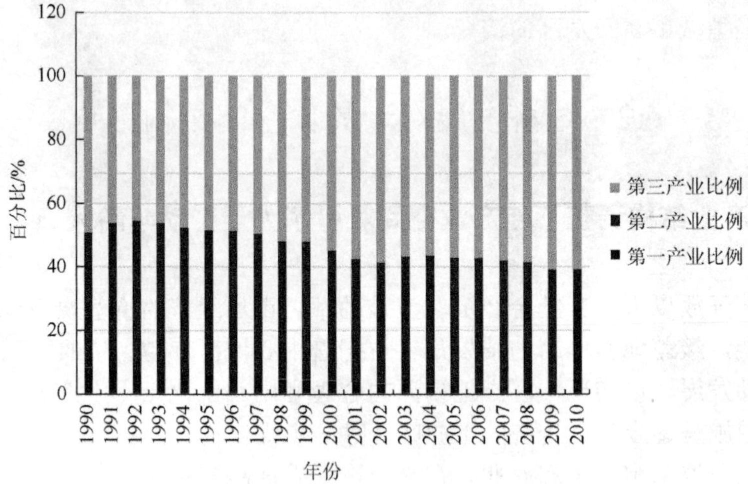

图 6-2 1990—2010 年广州市地区生产总值和三次产业比例

数据来源：根据历年《广州统计年鉴》数据整理。

产业结构调整和升级引起的三次产业比例变化导致三产从业人员比例也发生较大变化，在第一产业从业人员迅速减少的同时第二、三产业从业人员持续增加，其中部分从业人员是由城区迁往产业区域，而更多的则是被吸引而来的大量外来人口。第二、三产业从业人员的空间分布存在差异，三产从业人员多集中于城市中心，由中心城区往郊区方向逐渐减少；二产从业人员多集中于城市郊区。中心城区外围和近郊地区由于生活成本低廉和交通便捷、工业区集聚、就业渠道广泛等成为外来人口的主要聚居地。外来人口年龄以青壮年居多，其大量集聚会影响广州市人口老龄化空间格局，因为很大程度上由于年轻外来人口涌入引发机械增长比例增大，致使原有老年人占总人口的比例不断减小。由此看出产业结构调整下新产业空间吸引了大量劳动年龄人口，从而减缓这些区域老龄化的发展趋势。

6.2.2 房地产市场发展推动了老年人口居住空间分异

伴随政府福利分房及单位分配住房制度逐步转变为住房分配货币化、商品化的全面市场化改革，房地产市场发展成为影响城市居住空间结构演变的主要因素，在市场经济条件下，房地产发展使得住房市场产生不同社会群体和不同年龄人口的分化，导致居住空间的分异，从而促进城市老龄化空间的演变。

自 20 世纪 90 年代开始，广州市房地产市场首先在天河区和海珠区紧靠旧城外围地理位置优越的天园、沙园、新港和赤岗等街道区域新建了较多设备条件好、住房类型多的现代多层化商品房，1990—2000 年新建商品房面积年均增幅为 20%，实际住房销售面积年均增幅为 17.4%。2000 年后在中心城区外围交通条件良好、环境安静优美的近郊区建成了一批如洛溪新城、祁福新村等大型楼盘，在番禺、黄埔、白云等区形成大片商品房发展区域，使广州市居住空间呈现向东、向南和向北不断发展的特征，并且由产业发展等因素推动远郊区部分街镇房地产发展。2000 年广州市实际销售的商品房面积达到 507.36 万 m^2，其中个人购买面积为 466.6 万 m^2，约占 92%。由此说明，个人已摆脱单位的束缚在市场上购买适应其社会地位的商品住房，“单位制”单一的居住格局被打破，住房商品化所造成的多元化社区出现，个人的社会经济状况开始对居民的住房选择能力产生决定性影响；同时，房地产的发展使城市住房的供应主体转换成房地产开发商，市场化的住房供应使居民对居住类型的选择更加自由，两者相互促进使以往居住空间浓厚的行政色彩逐步褪化，房地产市场发展成为影响城市居住空间结构演变的主要因素。

房地产市场的蓬勃发展给城市居民提供了多样化住房需求的选择，而不同社会群体和不同年龄人口的经济能力消费水平的差异造成住房需求的阶层分化：具有较高经济收入的人群倾向于选择交通便利、配套完善的中心区或环境景观幽雅的近郊高级住宅，通常这类人群为中青年的精英分子；普通收入的青年白领阶层则可能选择近郊或远郊区的经济适用商品房；收入较低的外来务工年轻人群无购房能力，只能就近工作地租房；老年人群通常经济能力不如年龄结构较轻人群，老年人经济能力不能实现大幅度提升，经济供给多来源于离、退休金和子女所给的赡养费，若非有足够的购房能力或被动原因，原来居住于老城区旧房或单位房的老年人大多不愿主动搬迁，其居住地并未随着商品化住宅的大量兴起而发生大的变更。综上，广州市人口老龄化演变进程固然与原有社会空间继承、历史发展轨迹不无关联，但市场因素影响下的选择性更新也会使区域的人口老龄化空间分布的原有连续性断裂。由此，房地产市场发展下不同人群住房选择的差异导致居住空间的分异，使得原空间单元内部居住群体的年龄结构发生变化，从而促进城市老龄化空间的演变。20 世纪 90 年代，在紧靠旧城的天河区、海珠区部分区域如天园、沙园、新港和赤岗等街道或近郊区，房地产开发商利用其优越的地理位置建造起设备条件好的现代楼房，吸引了具有较高经济收入的中青年精英人群，不同社会阶层人群的迁入使部分区域原有社会特征逐渐发生变化，导致老龄化空间类型由老年型初期机关事业单位街区和年轻型城市新开发区演变为老年型初期混合人口居住街区。2000 年以后，在中心城区外围交通条件良好、环境安静优美的近郊区建成了一批如洛溪新城、祁福新村等大型楼盘，在番禺、白云、黄埔等区形成大片商品房发展区域，吸引了很多收入较好的白领阶层入住，随着社区发展成熟，家庭随迁老年人逐渐增多，加上原区域居住人口的自然加龄作用，该区域由年轻型城市新开发区逐渐演变为成年型混合人口居住街区。第六次人口普查数据计算显示，白云区吸引迁移人数最多，占总迁移人数的26.24%，天河、番禺和海珠区吸引迁移人数占比也都超过10%，同时这些区域对所有年龄组的人群都具有较大的吸引力，说明其居住环境趋于成熟，吸引了迁移人口家庭几代举家搬迁，由此证明了中心城区外围和近郊区居住人口结构的变化。另外由产业发展等因素推动近、远郊区部分街镇的房地产发展，吸引了收入较低的外来务工年轻人群的集聚，促进成年型传统农村镇区向年轻型城市新开发区演变。

6.3 城市规划和建设对老龄化空间结构影响

城市建设的历史发展传承形成惯性，是奠定老龄化空间的形成基础。城市规划政策是政府对城市发展建设总体布局进行干预的重要手段，不同时期的城市规划通过引导产业、人口的分布和迁移方向而影响城市居住空间的发展方向，从而对城市老龄化空间分异起重要引导作用。

6.3.1 城市历史发展传承奠定老龄化空间的形成基础

城市空间发展具有历史惯性，现状城市空间往往是不同阶段历史遗存的叠加结果，广州市老龄化空间的发展也同样具有明显的历史继承性，改革开放前计划经济时期城市居住空间即构成当前老龄化空间的基底。老年人的空间分异状况，不仅与自身个人特征相关，而且与社会大环境、城市发展历史无不关联，历史悠久的地区这种相关性更为显著。

广州是具有两千多年发展历史的城市。最早城址为秦代南海郡尉任嚣所建位于现今文明路与中山四路之间的番禺城，此地后来一直作为历代官衙汇集之地，以此为中心城市空间沿珠江北岸东西延伸而逐步拓展形成了现今广州城市社会空间结构的“西富一东贵”的城市老城区居住空间，而老城区的历史发展痕迹仍然存留至今：现今荔湾区的多宝、昌华、逢源、华林等街区是清朝和民国时期最为繁华的商业地区，商贾巨富高级住宅的西关大屋云集于此，还有纺织业发达的机房区和西濠洋商区，昔日均为典型的富人聚居区。现为广州高级居住区、领馆区的沙面因其独特的殖民地历史而明显区别于邻近地区的社会特征。昔日为政要官邸的东山豪宅位于原东山区的梅花村、农林、东湖等街区，历史上就是官宦衙门（行政部门）聚集地，现仍为政府机关、国家社会管理人员和高端服务业人员聚居区。可见传统“西富一东贵”的社会格局仍由现今荔湾区、越秀区的人流物流汇集商贸之地和原东山区政府机关等管理人员居住区所继承、延续。这些曾经的繁华富贵之地，因为一直以来属于商贸业发达和政治文化中心的综合功能区，人口密集、配套设施完善，使得本地人口对此形成长期居住惯性，由于医疗条件改善人口寿命延长而导致居住人口渐渐老化、老年人口不断增加，终至形成老龄化率居高不下的老年型后期老城区的老龄化地域类型区。

中华人民共和国成立后至 20 世纪 90 年代，处于计划经济时期的城市空间呈现以“单位制”为主的格局，城市居民的就业和居住均以单位为基础，形成产业空间和居住空间混合且匹配的“单位大院”式就业——居住空间单元。广州市在 20 世纪 50 至 60 年代向城郊的芳村、黄埔区和海珠区等地区布置建设大批国有企业，20 世纪 70 年代后为工业配套建设的企业单位工人住宅即为现今分布于荔湾和海珠等区的企业单位公房区；在原东山区和北郊建设的干部宿舍和天河区、海珠区高校校园建造的科教单位住宅仍存在于现今的机关事业单位公房区中；在当时的建成区周围为郊区的农田、菜地、果园，散布着以村级为单位的农业人口居住自建房。经历了时代的变迁，原来自年轻时期开始就居住于单位公房的单位职工大部分仍选择留居于此，随着人口自然加龄，这一区域老年人口数增加，老龄化程度逐渐加深，由此而形成老年型中期单位街区的老龄化地域类型区；计划经济时期广大的农村郊区人口处于自然更替水平，属于年轻型或成年型传统农村镇区。

综上分析，现阶段的老龄化空间，以承载广州城市发展历史的传统老城区和计划经济时期的单位街区、郊区传统农村镇区等居住空间为基底，历经传承发展演化而成。

6.3.2　城市规划引导老龄化空间分异的方向

城市规划政策是政府对城市发展建设总体布局进行干预的重要手段，不同时期的城市规划通过引导产业、人口的分布和迁移方向而影响城市居住空间的发展方向，从而对城市老龄化空间分异起重要引导作用。

中华人民共和国成立以后，广州市的城市规划大致可划分为 4 个阶段。改革开放前，在将城市发展定位为工业型城市的战略思想指导下，城市规划重点贯彻由“消费城市”向“生产城市”转变的内容，广州市城市空间发展规划为以旧城区为核心布局的单中心结构，大规模的工业建设相继在中心城区和城郊展开，随着城市规模继续扩大，工业分布开始沿中心城区向郊区扩散，作为生产配套的工厂企业职工生活区随着工厂布点向外围拓展是当时居住空间的明显特征。

20 世纪 80 年代改革开放后，广州市城市规划引导城市空间以天河区为城市新发展中心沿珠江北岸呈带状组团向东拓展，城市主要建设包括规划为城市中心区的旧城区和以文教科研单位为主的天河区及结合广州经济技术开发区建设工业、港口、仓储等设施的黄埔地区等三大组团，居住空间结构随之向东外扩，天河区成为城市新的发展中心；随后一轮城市规划进一步调整城市空间向南、向北建构中心区、东翼、北翼的多层次组团空间布局结构。这一阶段的城市规划由于行政界限的限制，范围主要集中在广州市中心区、中心外围区和内缘区，随着城市规划的实施，这些区域的城市面貌均在不同程度上得到发展改造。

20 世纪 90 年代，广州市城市总体规划相继提出城市建设用地向东、南两个方向发展和结合花都机场建设向北发展的建设布局，城市规划进一步引导居住空间向南向北发展，由此推动番禺和白云区的房地产大规模建设，同时引导大批工厂企业向旧城区外围疏散并引进建设大型跨国公司向远郊扩展，以此引导城市人口（主要为年轻人口）从老城区逐渐向海珠、天河、番禺和白云区迁居，天河区持续发展成为城市新中心。

2000 年以来，广州城市总体发展概念规划以“南拓、北优、东进、西联”发展战略指导城市空间拓展。城市空间向南在番禺区建设以知识经济和 IT 产业新型园区为主的广州新城、大学城和南沙经济技术开发区“两城一区”；北优是指优化城市向北部花都区、从化市的发展；城市空间向东重点建设珠江新城以形成新的城市发展重心，迁移旧城区传统产业向具有优良深水港条件的黄埔区和增城区新塘镇集中形成东部密集产业发展带；城市向西重点对旧城区和白云区以西地区进行内部结构的优化调整。花都、番禺撤市设区为广州城市的发展提供了新的空间，使广州城市空间形态向更深、更广的方向拓展。2007 年城市规划增加“中调”战略，将城市空间发展模式从外延式“拓展”向“内涵式”的“优化与提升”转变，主要对包括越秀区、荔湾区、海珠区、天河区和白云区南部地区的中心城区进行调整优化产业结构、人居环境和公共服务，集聚和完善区域高端服务职能，以及通过旧城改造等优化提升，推动居住空间进一步拓展和优化调整，使居住空间结构由单中心圈层式向圈层+扇形的复合结构演化，同时进一步拓展城市生产性职能区域如东部开发区、北部汽车产业园等。

受广州历次城市规划的影响，广州居住空间向外扩展主要集中在原芳村、天河、黄埔、白云区和海珠区西北部靠近老城区的位置。在规划引导城市产业、人口分布和迁移方向的过程中，由于城市开发区域对劳动力的客观需求及老年人口留恋故居和年轻人改善居住条件愿望强烈的主观心理差别，迁移流主要以年轻人口从老城区往中心城区外围新开发区迁居和大量外来年轻务工人员往开发区流动迁移为主，由此影响不同年龄人口的居住空间变化，导致年轻型、成年型老龄化地域类型区向东向南扩展和向北跳跃发展。第六次人口普查数据显示，2000—2010 年广州中心城区人口逐渐向外围扩散，人口密度缓慢降低，城市近远郊区人口增长加快，而 2010 年迁移人口中 15～59 岁的成年组占迁移人口总数的 88.28%，为绝对多数，60 岁以上的老年组仅占迁移人口总数的 4.18%，由此可证明这十年间广州市迁移人口的年龄构成和迁移方向。

从以上可以看出，广州市城市空间的发展方向与城市规划息息相关，改革开放以来城市规划多次调整城市空间发展方向和产业布局，通过引导城市不同年龄人口的就业—居住空间而影响城市老龄化空间分异的方向。

6.3.3 旧城改造促进了老年人口迁居扩散

从中华人民共和国成立后到改革开放前，广州城市发展政策倾向于重工轻商发展，旧城的中心商业区由此趋于萧条；城市建设方面对旧城更新和改造的疏忽，造成了中心城区居住人口密度过大、旧房破败程度加重和环境污染等严重城市问题。自 20 世纪 90 年代开始，广州逐步开展旧城改造工作，旨在通过拆迁重建以疏散旧城工业企业和过分拥挤的人口到新的工业开发区和新居住区，使旧城人口密度和建筑密度得以严格控制，实现城市内城功能更新。在实施 2000 年广州市城市发展的“东进、西联、南拓、北优”战略后，解决旧城衰败问题成为城市建设的重要环节，在进一步的“中调”战略指引下，广州市在拉开骨架建设新区的同时开展了“三旧”改造工作，对旧城区中的旧城镇、旧厂房和旧村居实施更新改造，以有机疏散为理念疏解旧城人口和建设密度。

旧城改造是一个城市对旧城区拆旧更新的过程，主体为单向的中心城区人口向外迁移是旧城改造对城市人口分布影响的体现，在这一过程中旧城区发生了不同构成人口和社会阶层的置换和演替，导致城市社会空间重构。根据各年龄组人口迁移原因的分析和老年人口迁居意愿的调查，老年人口迁移率远比成年人口低得多且以拆迁搬家的原因为主，说明老年人口流动性差，因此其迁移多属于被动搬迁。在广州市的旧城改造中，旧城区拆迁的住房多为面积狭小的老式公租房，原住户按照拆迁面积计算所获得的拆迁补偿数量有限，大多数无法支付购买市中心价格昂贵的商品房，而郊区较便宜的商品房因为配套设施欠完善和社会网络不熟悉等原因被排除在多数拆迁老年人口的居所选择之外，因此租住或购买邻近老城区的住房成为拆迁老年人口迁居目的地的主要选择，而年轻人的选择则不同，他们向往优良的居住条件和环境，因此选择迁居近郊的新建商品房，这在广州市各区分年龄组的迁移率上得以表现：老年组迁移方向以海珠、越秀和荔湾等旧城区为主，成年组则多向白云和番禺等近郊区迁移。由此可以看出，因拆迁改造而迁移的老年人口多属于“近距离迁移”且在晚年的搬迁是一种不得已的被动之举。综上，广州对旧城区实施的旧城改造客观上促进了中心城区部分居民群体的迁居，不同年龄人口和社会阶层的置换和演替引起了城市社会空间重构，中心城区被置换出去的原居民中有限的老年人口迁移流对部分地区的老龄化空间分布产生一定影响，一定程度上减缓了老年型后期老城区和老年型中期企事业单位街区向更深老龄化程度空间类型区转变的速度。

6.4 个人和家庭对老龄化空间结构影响

6.4.1 老年个人身份特征造成老年人口内部空间分化

中国社会讲究身份差别，人与人之间因为出身和社会地位不同而处于泾渭分明的不同社会阶层，现阶段的老年人年轻时代经历了计划经济时期，那时因为城乡差异、单位差异而形成等级分明的身份分层所造成的种种不平等，一直伴随着他们的人生历程，直到如今仍然深刻体现在其晚年的生活状况中。

改革开放前，在城市郊区的农村区域，严格的户籍管理制度限制了人口的流动，农民与城市居民之间形成了完全分割的生产和分配空间，把城市和农村严格地区分开来，农村人口和城市居民在工资收入、医疗、粮食供应等诸多的社会保障和福利补贴方面存在着巨大的差别，即便改革开放户籍制度放宽后农村人口可以向城市迁移寻求更多发展机会的今天，近年来尽管国家加大力度推进了农村社会养老保险制度改革，但农村老年人口和城市户籍的老年人相比，因为无法享有城市户籍所包含的社会福利保障，其晚年生活条件仍然与城市老年人存在很大的差异。调查中发现城市中无论是企业单位还是机关事业单位的退休老人月均收入可达 2 000～5 000 元，而位于郊区农村的老人收入月均则普遍低于 800 元，形成了较大的差距，还有其他的福利待遇的差异，就是因为一出生的身份差异造成了如今的城乡老人群体内部差异，也形成城乡老年人口的居住空间分化。

在城市区域，计划经济时期单位性质和级别的不同，造成城市老年人年轻时期的身份差别及后来一直伴随而来的个人拥有社会资源的差异，从而形成城市老年人口内部较大的分化。如在居住条件上，机关事业单位或效益好的国有企业单位能提供较好较充足的住房给职工，个人职位越高获得单位分配的住房越好越宽大，较低级别或效益较差的单位则难以有改善住房条件的机会，这种差距逐渐积累，到晚年表现出明显的社会分层。现阶段的退休老年人受这种先在的单位制社会结构分化下的身份影响，现今仍然在居住条件和经济状况等形成明显的分化，如调查显示，以企业单位退休为主的老人主要生活来源是依靠社会养老保险，机关事业单位老人主要生活来源则为离退休金，两者的月均收入因退休前单位性质不同而存在差距，企业单位退休老人月均收入在 2 000 元以下，机关事业单位退休老人月均收入可达 3 000～5 000 元；老城区老人多以企业退休职工，住房多以老旧且面积狭小的公有住房或租赁其他住房为主，居住环境较差，国营企业或机关事业单位大院内住房一般拥有较为完善配套的设施，大部分退休老人对居住环境感到满意，因此一般选择主动留居原地。由此可见，老年人年轻时期的个人身份延续至今造成老年群体内部的社会结构分化，体现在居住空间上则影响了老龄化空间格局。

6.4.2　家庭代际关系推动老年人口居住空间改变

广州市作为相对发达的地区，其快速城市化和工业化过程吸引了大量外来人口，形成了一些以外来人口集聚为主的地域，城市发展过程的旧城改造和新城区拓展开发促使劳动年龄人口多为满足其经济需求而进行主动搬迁，他们在迁移过程中对迁入地有相当充分的选择权利。而老年人口的迁移或流动不同于劳动年龄人口，他们作为弱势群体，迁移原因更多的是拆迁搬家或随迁家属等被迫迁移的类型，这与家庭代际扶持存在一定的关系。

在广州 2010 年迁移人口中，15～59 岁的成年组占迁移人口总数的 88.28%，为绝对多数，60 岁以上的老年组仅占迁移人口总数的 4.18%。在比例很低的迁移老年人口中，其迁移的主要原因为拆迁搬家，其次是投靠亲属、随迁家属，说明老年人进行迁移的主要目的是靠近成年子女的居住地与子女团聚，由子女的迁移活动带动了老年父母的迁居。在现阶段我国仍然以家庭养老为主的传统养老观念影响下，绝大多数老年人晚年选择留居家中，其面临的养老问题和所获得的帮助支持会因为居住区域不同而有所差异。从样本分析来看，两个类型区老年人都是选择与其配偶共同居住的 2 人户居多，其次是与子女或孙辈共同居住的 3 人户，这是老年人居住的主要方式，可见大部分老人属于与配偶同住的“空巢老人家庭”，农村老人选择与子女或孙辈 3 人居住的比例比老城区老人多一些，这可能与农村生育率稍高、老人帮助子女照顾小孩有关。根据调查发现，老城区退休老人与郊区老人的空巢状况有其相似的方面，一般是成年子女结婚成家后搬离老年父母的住房，从而造成老年父母的“空巢”留居；两个类型区“空巢”老年人的区别是郊区农村老人经济和生活条件相对老城区退休老人较差，老城区空巢老人多为主动留居型，对自己的经济和生活状况较为满意，一般不出现身体状况都不会接受子女的照顾，从 63%的老人和子女在生活上相对独立和经济往来较少的代际支持状况也说明了这一点，农村老人选择和子女在生活上相对独立的代际支持状况比例也不小，达到 41%，这可能是因为新型农村社会养老保险的推行和村集体分红使其经济较为独立，不用过多依赖子女的扶持。

虽然现代老年人口独立性较高，但一旦身体状况变差或其他变故会使老年人寻求子女照顾而投奔子女；对子女一方来说，现代工作压力增大往往使其无暇顾及家庭琐事，尤其是生育下一代后较难处理好工作与家庭之间的关系，而退休的老年父母正好有较多的空闲时间和精力帮助照顾孙子女和处理日常家务，因此许多在城市的成年子女主动选择与父母同住。基于这样的原因，城市出现不少老年人口在晚年迁移跟随子女居住的现象，其中当然会有远距离跨省迁移的老人，这种现象在中心城区和外围的天河、海珠、番禺和白云区等一些外来人口集中的商品房社区表现得较明显，成为此类地域老龄化空间类型由老年型初期机关事业单位街区和年轻型城市新开发区演变为老年型初期混合人口居住街区或成年型混合人口居住街区的重要动因。

6.5 广州市人口老龄化空间结构演变综合机制

影响城市人口老龄化空间差异的因素包括人口、经济、社会、文化等诸多因素，其作用主要体现在人口自然增长和人口迁移变化上，在不同区域人口自然增长的变化不大的情况下，主要为通过城市人口自然增龄即就地老化和年轻人口迁移的作用影响不同区域的人口年龄构成从而影响城市人口老龄化空间结构。

计划生育政策的实施，以强有力的控制方式直接促进了人口转变过程的最主要内因——生育率的快速下降，加速了中国人口转变的进程，有效控制了人口的自然增长，同时也使人口年龄结构发生了显著的变化，加速了人口老龄化过程。

城市土地有偿使用制度的变革和市场化代替福利供应的住房制度改革，使市场逐渐代替国家和单位成为城市居民住房的供应主体，促进了城市土地和房地产市场的发展，城市房地产价值因而出现激涨，住房市场价格的空间变化可以在一定程度上对各年龄人口向城市外围的迁移扩散起促进作用。住房制度的改革使得不同年龄人口的迁移分化逐步改变了以往单位制下的居住空间，从而影响城市老龄化空间格局，促进城市中心城区老龄化空间类型由老年型初期向老年型中期和后期空间类型的演变。在城市郊区的农村区域，严格的户籍管理制度限制了人口的流动，农民与城市居民之间形成了完全分割的生产和分配空间。传统户籍制度放宽后，大量农村劳动年龄人口向城市迁移导致郊区农村地区人口老龄化程度加深，年轻人口流入的城市开发区域老龄化进程得以大大延缓，影响了城市外圈层的老龄化空间类型向老年型初期传统农村镇区和年轻型城市新开发区的演变。

市场经济下价值规律推动着工业项目向市区外发展，城市产业调整对三产从业人员巨大需求引来大量外来人口涌入城市，呈年轻型结构的外来人口主要在城乡接合部地区聚居相对集中，引发区域人口机械增长比例增大，影响老年人口比例。因此，产业结构调整下新产业空间吸引了大量劳动年龄人口，从而减缓区域老龄化的发展趋势。

伴随政府福利分房及单位分配住房制度逐步被打破，住房商品化进程不断加快，居民之间收入差距随着经济体制改革而逐渐拉大，房地产市场发展成为影响城市居住空间结构演变的主要因素，在市场经济条件下，房地产发展使得住房市场产生不同社会群体和不同年龄人口的分化，导致居住空间的分异，使得各区域原居住群体的年龄结构发生变化，导致中心城区外缘老龄化空间类型由老年型初期机关事业单位街区和年轻型城市新开发区演变为老年型初期混合人口居住街区、近郊区由年轻型城市新开发区逐渐演变为成年型混合人口居住街区。

城市空间发展具有历史惯性，现状城市空间往往是不同阶段历史遗存的叠加结果，现阶段的老龄化空间分异，以承载广州城市发展历史的传统老城区和计划经济时期的单位街区、郊区传统农村镇区等居住空间为基底，历经传承发展演化而成。

城市规划政策是政府对城市发展建设总体布局进行干预的重要手段，不同时期的城市规划通过引导产业、人口的分布和迁移方向，综合影响不同区域不同年龄人口的居住空间变化，导致老龄化地域类型区发生变化，从而对城市老龄化空间结构演变起重要引导作用。

老年个人身份特征造成老年人口内部空间分化，受物质空间环境和社会网络关系两种因素综合影响，多数老年人因居住惯性而主动选择留居在原有的单位住房内。受家庭代际关系影响，城市部分以外来人口集聚为主的地域老龄化现象明显，使中心城区和外围区域的老龄化空间类型由老年型初期机关事业单位街区和年轻型城市新开发区演变为老年型初期混合人口居住街区或成年型混合人口居住街区。

综上所述，广州市老龄化空间结构的形成受到政策制度变革、经济结构变动、城市发展变迁、个人身份特征和家庭代际关系等因素的影响，各个因素以各自不相同的作用方式和程度影响老龄化空间。其中城市规划、旧城区改造、医疗和养老等城市发展变化通过影响城市居住空间发展而能够有效引导老龄化空间结构演变的方向；产业结构调整、住房建设空间分布变动等经济结构变动通过影响不同年龄段的人员向经济集聚区流动而能够促进老龄化空间结构演变的方向；土地使用制度改革、住房制度变迁等政策制度变革导致不同社会阶层和不同年龄人口居住空间的分异，促进城市老龄化空间结构演变；老年人素质和需求、家庭代际关系等个人及家庭通过调整需求关系促使城市老龄化空间结构演变，见图6-3。

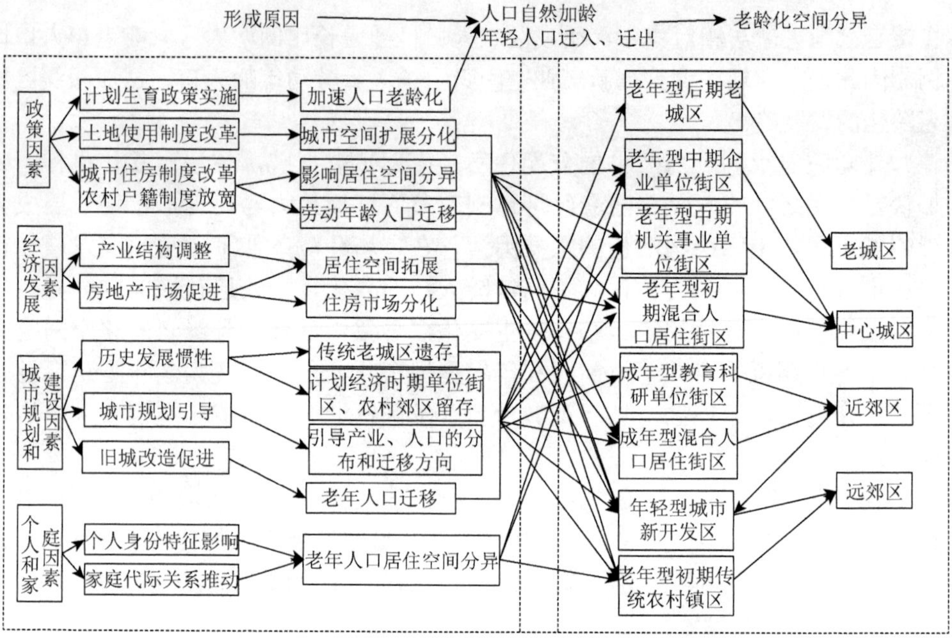

图 6-3　广州市人口老龄化空间结构演变机制

第 7 章　结论与讨论

7.1　主要研究结论

首先，本书从广州市 2000—2010 年来老龄化的空间分布特征和变化过程入手，对广州市老龄化的空间分布和老年人口变化上存在的地区差异进行了系统分析。其次，利用中观尺度街道数据，构建表征老龄化地区社会空间结构特征的指标体系进行老年人口社会空间结构分析，叠加广州市人口老龄化空间分布划分老龄化空间地域类型，通过对比不同老龄化地域类型区的社会属性特征变化，对广州市老龄化空间结构演变特征、模式和机制进行分析，得出一些有益的结论。

广州市人口老龄化空间分布呈现中心区高边缘区低的明显圈层式特征，且随着时间的推移，老龄化程度越来越突出。广州市老龄化空间发展具有历史继承性，结构趋于复杂化并随城市开发进程出现类型更新和类型区范围变化。老龄化空间结构演变模式可归纳为老城区延续发展模式、中心城区更新转变模式、近郊区急剧转变模式和远郊区分异发展模式等。广州市老龄化空间结构受到城市历史发展传承、城市规划建设、住房等制度变迁和房地产市场发展等因素影响，各个因素以各自不相同的作用方式和程度，通过体现在城市人口自然增龄即就地老化和年轻人口迁移的作用上影响不同区域的居住人口年龄构成，从而影响城市老龄化的空间分异，城市居住和就业空间及社会环境因此发生变化，城市空间由此不断被重塑。

7.2　相关规划对策讨论

对城市老龄化空间结构的分析结合了老年人口和老龄化空间分布的分析，对老年群体的分化和异质性做了进一步的细致分析，从而可以充分把握养老服务需求的差异性和动态性，相应对不同老年社区实施差异性和动态性的养老服务组织和规划及未来城市规划建设应对老龄化提供参考。

1）养老服务组织和规划的空间差异性

在不同老年人群体内部和不同地区之间，由于老年人个体老化过程中生理和心理状态的变化及移动、迁居等过程，以及空间环境的不断变化，使养老服务需求存在明显的差别，因此应考虑此差异性有针对性地实施不同老年社区的养老服务组织和规划。

对于老龄化程度高、单位退休老年人口聚集的中心城区内单位大院社区，其公共服务和生活配套设施较为完善，该类社区养老服务组织和规划应实施以普通老年家庭养老和居家养老为主、以社区照顾和机构养老为辅的养老模式，从老龄工作行政管理体制、社区养老和医疗保障体系、为老服务设施和老年居住生活环境方面按照相关要求建设老年社区。进一步完善社区级的老年人活动中心、医疗卫生服务站、托老所等养老服务设施，逐步扩大养老机构如社会福利院、养老院、敬老院、老年公寓等的规模，提高为半自理和不能自理的老年人提供日常生活料理的收养服务能力，为满足社区内不同年龄阶段、不同身体状况下的老年人居住和生活照料需求提供保证；老年居住生活环境的创造以适合老年人生理心理需求的"无障碍"设计为原则，如对原住区进行像加装电梯等以功能结构改造、更新为主的旧区改造，尽量减少对旧城改造区内原住老人实施搬迁而导致其原来熟悉的居住生活环境被破坏，在此区域规划建设适合老年人的商品房时也多考虑适应老年人需求的无障碍设施、套型模式及交往空间等。在内城核心区，因为危旧房集中而确需进行旧城改造的区域，应为在此高度集聚的空巢老人多加考虑，在进行拆迁安置时以就近原则妥善安置老年弱势群体，尽量使原来老年人日常交际所依赖的社会网络格局基本得以维系，更应注重的是对迁居点的医疗卫生设施和社区养老服务设施进行建设完善，为满足迁居老年人居住和生活照料、日常就医和休闲等需求提供保证。对于老年人出于种种原因较远距离迁入的近郊区商品房社区，更重要的是在合理配套相关服务设施的同时，建立健全各种老年组织以促进老年人交流机会。在郊区农村，不断加重的空心化、老龄化使农村留守老人的日常照护和精神慰藉等问题突出，针对农村养老服务需求分散、医疗设施匮乏和老年服务水平偏低的现状，需更加注重社会养老保障制度的完善，实施有针对性的养老服务组织和规划，实现农村老年人老有所养、老有所乐。

2）公共服务设施规划和使用的时间动态性

我国城市居住区规划设计规范中的居住区公共服务设施设置标准一般采用的是硬性的"千人指标"配置方法，在当前人口老龄化趋势下不同家庭生命周期阶段的居民对服务设施需求变化显著的形势下，需要根据居住区内人口年龄结构判断居民家庭生命周期后，对居住区的公共服务配套设施进行适时的调整，此时如果还继续采用硬性的指标配置方式显然难以满足居民在不同阶段的设施需求，因而有可能导致设施不足或资源过剩。为了实现公共服务设施规划和使用的时间动态性，要以居民的需求意愿为导向进行动态规划和调整，应考虑社区人口老龄化趋势及空间分异特征，修改或补充、完善城市规划管理技术标准的相应内容，在居住区公共服务设施设置标准中适当增加老年服务设施项目的类型且进行动态管理，实时根据不同居住区人口年龄结构的变动而调整老年人配套服务设施项目的数量和规模比例，结合其他年龄群体的设施需求进行使用场地的弹性规划设置是较好的方法。例如，在中心城区外缘和近郊区的商品房小区，老年人口多属于为帮助子女料理家务而阶段性或季节性迁移为主，其大部分结束帮助后的回归迁移使小区内养老设施和服务的需求呈现阶段性的特征，因此可以将老年活动中心与儿童活动中心或青年活动中心或社区读书室等设施在场地设置上进行弹性设计，以便使用时可以进行阶段性的弹性转换。

3）未来城市规划建设的老龄化应对

随着老龄化进程不断推进，城市老龄化空间分布不断发生变化，面对不同空间区域老年人口分布和不同时代老年人的需求产生的影响，要建设适应老龄化社会要求的宜居城市，城市规划需要从关注老年型城市社区规划出发，编制既符合当前老年人的居住和养老观念又迎合未来城市老龄化空间变化趋势的老年社区规划、养老设施规划等，未来在重点对城市老城区进行老年人口空间规划的同时，应长远考虑老龄化空间集聚扩散的中心城区外缘和近郊区，未雨绸缪，统筹安排区域空间结构、土地利用和公共设施配置等方面，积极探索老年人口空间环境和老年社区规划建设的方法。在进行老年社区规划建设时，可以借鉴国外成功的老年居住区案例经验模式，可在自然环境优良的城市近郊参考保障性住房模式规划建设独立型老年社区，或在规划建设城市居住区时融贯部分老年住宅于其中而形成混合型老年社区，也可以尝试建设按老年人的需求规划成不同功能分社区的综合型退休养老住区或者老年人集中居住的老年公寓，并可考虑建设注重老年人日常生活空间、装置、设备安全性的混住型老年公寓甚而重点规划设计好能够适应人的生命历程各阶段变化的“终生可利用型”城市通用住宅，等等。另外，老年社区应按老年人需求规划建设具有良好交通、具安全性和易识别性及设施配套完善的空间环境和休闲活动场所，为老年人创造更好的休闲娱乐、邻里交往空间，避免其形成社会隔离感；还应注重老年人环境景观的营造，应特别规划建设满足老年人无障碍步行需求的慢行交通系统，以实现老年人无障碍出行的便利性和安全性。

参 考 文 献

[1] 吴忠观. 人口科学辞典[M]. 成都：西南财经大学出版社，1997.

[2] 联合国人口委员会人口学辞典编写委员会. 多种文字人口学辞典[J]. 人口译丛，1982（3）.

[3] Haupt A，Kane T T. Population Handbook[M]. Washington D.C.：Population Reference Bureau，1980：5.

[4] 姜向群，丁志宏. 对我国当前人口老龄化问题研究的概念和理论探析[J]. 人口学刊，2004（5）：10-13.

[5] 陶立群. 再谈人口老龄化若干问题的辨析——兼与穆光宗等同志商榷有关人口老龄化的几个理论和概念问题（之一）[J]. 人口学刊. 1997（6）：9-14.

[6] 穆光宗. 人口老龄化问题和老龄问题的再讨论——兼答陶立群同志[J]. 人口学刊. 1998（1）：3-7.

[7] 田雪原. 中国老年人口[M]. 北京：中国经济出版社，1991：30-60.

[8] 马飞. 广州市老龄化空间的分布与演变机制[D]. 广州：中山大学，2006.

[9] Harper S，Laws G. Rethinking the geography of ageing[J]. Progress in Human Geography，1995（19）：199-221.

[10] Andrews G J，Cutchin M，Mccracken K，et al. Geographical gerontology：The constitution of a discipline[J]. Social Science & Medicine，2007，65（1）：151-168.

[11] Skinner M W，Cloutier D，Andrews G J. Geographies of ageing：Progress and possibilities after two decades of change[J]. Progress in Human Geography，2015，39（6）：776-799.

[12] Cutchin M P. The Geography of Aging：Preparing Communities for the Surge in Seniors[J]. Gerontologist，2009，49（3）：440-444.

[13] Rowles G. The geography of ageing and aged：Towards an integrated perspective[J]. Progress in Human Geography，1986，10（4）：511-539.

[14] Hardill I. Introduction：Geographies of Aging[J]. Professional Geographer，2009，61（1）：1-3.

[15] Schwanen T，Hardill I，Lucas S. Spatialities of ageing：The co-construction and co-evolution of old age and space[J]. Geoforum，2012，43（6）：1291-1295.

[16] Andrews G J，Milligan C，Phillips D R，et al. Geographical gerontology：Mapping a disciplinary intersection[J]. Geography Compass，2010，3（5）：1641-1659.

[17] Unitednations. World population ageing 2015[R]. New York：United Nations，2015.

[18] Kinsella K，Phillips D R. Global aging：The challenge of success[J]. Population Bulletin，2005，60（1）：1-40.

[19] Mccracken K，Phillips D R. International demographic transitions[M]// Andrews G J，Phillips D R. Ageing and place：perspectives，policy，practice. London：Routledge，2004：36-60.

[20] United Nations EASC，Escap T P. Economic and Social Survey of Asia and the Pacific 2005[R].

2005.
[21] Phillips D R. Ageing in the Asia-Pacific region[M]. London：Routledge，2000.
[22] Warnes A M. UK and western European late-age mortality：Trends in cause-specific death rates，1960—1990[J]. Health & Place，1999（5）：111-118.
[23] Andrews G J，Phillips D R. Geographical studies in ageing：Progress and connections to social gerontology[M]// Andrews G J，Phillips D R. Ageing and Place：Perspectives，Policy，Practice. New York：Routledge，2005：7-12.
[24] Davies A，James A. Geographies of Ageing：Social Processes and the Spatial Unevenness of Population Ageing[M]. Aldershot：Ashgate，2011.
[25] Bailey A. Population geographies and climate change[J]. Progress in Human Geography，2011（35）：686-695.
[26] Goodman A C. Using Lorenz curves to characterize urban elderly population[J]. Urban Studies，1987（24）：77-80.
[27] Bean F D，Myers G C，Angel J L，et al. Geographic concentration，migration，and population redistribution among the elderly[M]. Washington D.C.：National Academy Press.，1994：319-355.
[28] Rogers C C. Changes in the older population and implications for rural areas[R]. Washington D.C.，1999.
[29] Heleniak T. Geographic aspects of population ageing in Russian Federation[J]. Eurasian Geography and Economics，2003，44（5）：325-347.
[30] Moore E G，Pacey M A. Geographic dimensions of aging in Canada[J]. Canadian Journal on Aging，2004：5-21.
[31] Hiltner J，Smith B W. Intraurban Residential Location of the Elderly[J]. Journal of Geography，1974（73）：23-33.
[32] Flynn C B. General versus aged interstate immigration，1970-1986[J]. Research on Aging，1980（2）：141-154.
[33] Golant S M. Housing America's Elderly：Many Possibilities，Few Choices[J]. Geographical Review，1992，83（4）：368.
[34] Hugo G. South Australia's Ageing Population and its Increasingly Multicultural Nature[J]. Australasian Journal on Ageing，2000，19（1）：23-32.
[35] Hanlon N. Geographies of ageing：social processes and the spatial unevenness of population ageing[J]. Population Space and Place，2013，19（5）：645-646.
[36] Golant S M. The residential moves，housing locations，and travel behavior of older people：inquiries by geographers [J]. Urban Geography，1989，10（1）：100-108.
[37] Scott P. Urban population structure：An Australian case study[J]. The Geographer，1971（18）：1-16.
[38] Frey W H. Elderly Demographic Profiles of U.S. States：Impacts of "New Elderly Births，" Migration，and Immigration[J]. The Gerontologist，1995，35（6）：761-770.
[39] Mccarthy K F. The elderly populations changing spatial distribution：patterns of change since 1960[J]. Santa Monica Calif Rand Corporation，1983.
[40] Mchugh K E，Mings R C. The circle of migration：Attachment to place in aging[J]. Annals of

the Association of American Geographers，1996，86（3）：530-550.
[41] Lee E S. Migration of the aged [J]. Research on Aging，1980（2）：131-135.
[42] Golant S M. Post-1980 regional migration patterns of the USA elderly population [J]. Journal of Gerontology，1990，45（4）：135-140.
[43] Serow W J. Return migration of the elderly in the USA：1955—1960 and 1965—1970 [J]. Journal of Gerontology，1978（33）：288-295.
[44] Litwark E，Logino C F. Migration patterns among the elderly：a development perspective [J]. The Gerontologist，1987，25（3）：266-272.
[45] Krout J A. Seasonal migration of the elderly [J]. The Gerontologist，1983，23（3）：295-299.
[46] Rush C H. A survey of winter texans in the lower Rio Grande Valley，1982—1983 [R]. Edinbury，TX：Pan American University，1983.
[47] Longino C F. Changing aged nonmetropolitan migration patternes，1955 to 1965 and 1965 to 1970 [J]. Journal of Gerontology，1982，37（2）：228-234.
[48] Longino C F. Migration winners and losers [J]. American Demographics，1984（6）：27-29.
[49] Wiseman R F，Virden M. Spatial and social dimensions of intra_urban elderly migration [J]. Economic Geography，1977（55）：324-337.
[50] Walters W H. Types and patterns of later-life migration[J]. Geografiska Annaler：Series B，Human Geography，2000，82（3）：129-147.
[51] Milligan C. Bearing the burden：Towards a restructured geography of caring[J]. Area，2000（32）：49-58.
[52] Glover J，Harris K，Tennant S. A social health atlas of Australia [M]. Adelaide：Public Health Information Development Unit，University of Adelaide，1999.
[53] Cutchin M P. Spaces for inquiry into the role of place for older people's care[J]. Journal of Clinical Nursing，2005，14：121-129.
[54] Wiles J. Conceptualising place in the care of older people：The contributions of geographical gerontology[J]. International Journal of Clinical Nursing，2005（14）：121-129.
[55] Rowles G. Place in occupational science：A life course perspective on the role of environmental context in the quest for meaning[J]. Journal of Occupational Science，2008（15）：127-135.
[56] Brickell K. 'Mapping' and 'doing' critical geographies of home[J]. Progress in Human Geography，2012，36：225-244.
[57] Andrews G J，Phillips D R. Changing local geographies of private residential care for older people 1983—1999：Lessons for social policy in England and Wales[J]. Social Science and Medicine，2002，55：63-78.
[58] Mazzei F，Gillan R，Cloutier D. Exploring the influence of environment on the spatial behavior of older adults in a purpose-built acute care dementia unit[J]. American Journal of Alzheimer Disease and Other Dementias，2014，29：311-319.
[59] Joseph A E，Cloutier-Fisher D. Ageing in rural communities：Vulnerable people in vulnerable places[M]//Andrews G J，Phillips D R. Ageing and Place. London：Routledge，2004：149-162.
[60] Rowles G D. Prisoners of Space? Exploring the Geographic Experience of Older People[M]. Boulder：Westview Press，1978.

[61] Golant S. Age-friendly Communities：Are we expecting too much？[M]. Montreal：Institute for Research on Public Policy，2014.

[62] Holdsworth D，Laws G. Landscapes of old age in coastal British Columbia[J]. Canadian Geographer，1994（38）：162-169.

[63] Robison J T，Moen P. A life-course perspective on housing expectations and shifts in late midlife[J]. Research on Ageing，2000，22（5）：499-539.

[64] Phillips D R，Siu O L，Yeh A G O，et al. The impacts of dwelling conditions'on older persons' psychological well-being in Hong Kong：the mediating role of residential satisfaction[J]. Social Science & Medicine，2005，60（12）：2785-2797.

[65] Michael Y L，Green M K，Farquhar S A. Neighborhood design and active aging[J]. Health & Place，2006，12（4）：734-740.

[66] Jackson P，Penrose J. Construction of race，place，and nation[M]. Minneapolis：University of Minnesota Press，1993.

[67] Laws G. Understanding Ageism：Lessons From Feminism and Postmodernism[J]. The Gerontologist，1995，35（1）：112-118.

[68] Laws G. 'The Land of Old Age'：Society's Changing Attitudes toward Urban Built Environments for Elderly People[J]. Annals of the Association of American Geographers，1993，83（4）：672-693.

[69] Rogerson P A. The geography of elderly minority populations in the United States[J]. International Joural of Geographical Information Science，1998，12（7）：687-698.

[70] Cartier C. From home to hospital and back again：Economic restructuring，end of life，and the gendered problems of place-switching health services [J]. Social Science & Medicine，2003，56：2289-2301.

[71] Wiles J，Rosenberg M W. Paradoxes and contradictions in Canada's home care provision：Informal privatisation and private informalisation [J]. International Journal of Canadian Studies：Special Issue，Health and Well-Being in Canada，2003，28：63-89.

[72] Cloutier-Fisher D，Joseph A E. Long-term care restructuring in rural Ontario：Retrieving community service user and provider narratives [J]. Social Science & Medicine，2000，50：1037-1045.

[73] Joseph A E，Chalmers L. Restructuring long-term care and the geography of aging：A view from rural New Zealand [J]. Social Science & Medicine，1996，42：887-896.

[74] Fortney J，Chumbler N，Cody M，et al. Geographic access and service use in a community-based sample of cognitively impaired elders[J]. Journal of Applied Gerontology，2003，21：352-367.

[75] Peace S，Holland C，Kellaher L. Environment and Identity in Later Life[M]. New York：McGraw-Hill International，2005.

[76] Rowles G. What's rural about rural aging？An Appalachian perspective[J]. Journal of Rural Studies，1988，4：115-124.

[77] Rollinson P. The story of Edward：the everyday geography of elderly single room occupancy（SRO）hotel tenants[J]. Journal of Contemporary Ethnography，1990，19：188-206.

[78] Harper S. The kinship network of the rural aged：a comparison of the indigenous elderly and the retired immigrant[J]. Ageing and Society，1987，7：303-328.
[79] Elder G. Time，human agency and social change：Perspectives on the life course[J]. Social Psychology Quarterly，1994，57：4-15.
[80] Milligan C. There’s No Place Like Home：Place and Care in an Ageing Society[M]. Aldershot：Ashgate，2009.
[81] Meijering L，Lager D. Home-making of older Antillean migrants in the Netherlands[J]. Ageing and Society，2014，34：859-875.
[82] Cameron L，Forrester J. A nice type of the English scientist：Tansley and Freud[J]. History Workshop Journal，1999，48：64-100.
[83] Watkins C，Cowell B. ‘Mr. Price the picturesque’：Critic，connoisseur and landscape enthusiast[J]. Walpole Society，2006，68：1-77.
[84] Said E W. On Late Style：Music and Literature against the Grain[M]. New York：Random House Digital，2006.
[85] 王志宝，孙铁山，李国平. 近 20 年来中国人口老龄化的区域差异及其演化[J]. 人口研究，2013（1）：66-77.
[86] 李日邦，王五一，谭见安，等. 我国人口老龄化发展的阶段、趋势和区域差异[J]. 地理研究，1999，18（2）：113-121.
[87] 于涛方. 中国城市老龄化空间特征及相关因素分析——基于“五普”和“六普”人口数据的分析[J]. 城市规划学刊，2013（6）：58-66.
[88] 郑运鸿. 基于多尺度的中国人口老龄化空间差异分析[D]. 杭州：浙江大学，2015.
[89] 陈明华，郝国彩. 中国人口老龄化地区差异分解及影响因素研究[J]. 中国人口·资源与环境，2014（4）：136-141.
[90] 张芹，张晓青. 山东省人口老龄化空间分布与演化分析——基于探索性空间分析技术[J]. 鲁东大学学报：自然科学版，2014，30（3）：242-248.
[91] 张开洲，陈楠. 1990-2010 年福建省县域人口老龄化时空演变特征及其驱动机制[J]. 地理科学进展，2014，33（5）：605-615.
[92] 易卫华，叶信岳，王哲野. 广东省人口老龄化的时空演化及成因分析[J]. 人口与经济，2015（3）：33-42.
[93] 林琳，马飞. 广州市人口老龄化的空间分布及趋势[J]. 地理研究，2007，26（5）：1043-1054.
[94] 张纯，曹广忠. 北京市人口老龄化的空间特征及影响因素[J]. 城市发展研究，2007，14（2）：56-61.
[95] 谢波，周婕. 大城市老年人的空间分布模式与发展趋势研究——以北京、上海、广州、武汉为例[J]. 城市规划学刊，2013（5）：56-62.
[96] 谢淼，周素红. 就地老化与居住迁移：广州市中心城区老龄化地域空间格局的变化及动因[J]. 规划师，2014，30（10）：96-103.
[97] 高晓路，吴丹贤，许泽宁，等. 中国老龄化地理学综述和研究框架构建[J]. 地理科学进展，2015，34（12）：1480-1494.
[98] 袁俊，吴殿廷，吴铮争. 中国农村人口老龄化的空间差异及其影响因素分析[J]. 中国人口科学，2007（3）：41-47.

[99] 李扬，刘慧，金凤君，等. 北京市人口老龄化的时空变化特征[J]. 中国人口.资源与环境，2011（11）：131-138.
[100] 李秀丽，王良健. 我国人口老龄化水平的区域差异及其分解研究[J]. 西北人口，2008（6）：104-107.
[101] 刘华军，何礼伟，杨骞. 中国人口老龄化的空间非均衡及分布动态演进：1989—2011[J]. 人口研究，2014（2）：71-82.
[102] 孙蕾，常天骄，郭全毓. 中国人口老龄化空间分布特征及与经济发展的同步性研究[J]. 华东师范大学学报：哲学社会科学版，2014（3）：123-132.
[103] 赵儒煜，刘畅，张锋. 中国人口老龄化区域溢出与分布差异的空间计量经济学研究[J]. 人口研究，2012（2）：71-81.
[104] 王志宝，孙铁山，张杰斐. 人口老龄化区域类型划分与区域演变分析——以中美日韩四国为例[J]. 地理科学，2015，35（7）：822-830.
[105] 张纯，柴彦威，李昌霞. 北京城市老年人的日常活动路径及其时空特征[J]. 地域研究与开发，2007（4）：116-120.
[106] 谷志莲，柴彦威. 城市老年人的移动性变化及其对日常生活的影响——基于社区老年人生活历程的叙事分析[J]. 地理科学进展，2015（12）：1617-1627.
[107] 柴彦威，刘璇. 城市老龄化问题研究的时间地理学框架与展望[J]. 地域研究与开发，2002（3）：55-59.
[108] 柴彦威. 中国城市老年人的活动空间[M]. 北京：科学出版社，2010.
[109] 周洁，柴彦威. 中国老年人空间行为研究进展[J]. 地理科学进展，2013（5）：722-732.
[110] 李昌霞，柴彦威，刘璇. 北京城市老年人购物决策过程中的评价性认知特征[J]. 人文地理，2004（6）：89-92.
[111] 柴彦威，李昌霞. 中国城市老年人日常购物行为的空间特征——以北京、深圳和上海为例[J]. 地理学报，2005（3）：401-408.
[112] 曹丽晓，柴彦威. 上海城市老年人日常购物活动空间研究[J]. 人文地理，2006（2）：50-54.
[113] 孙樱，陈田，韩英. 北京市区老年人口休闲行为的时空特征初探[J]. 地理研究，2001（5）：537-546.
[114] 万邦伟. 老年人行为活动特征之研究[J]. 新建筑，1994（4）：23-26.
[115] 王玮华. 研究老年型城市社区规划特点及对策迫在眉睫[J]. 城市规划，1997（4）：47-48.
[116] 胡仁禄. 国外老年居住建筑发展概况[J]. 世界建筑，1995（3）：27-30.
[117] 邹广天. 日本老年公寓的规划与设计[J]. 世界建筑，1999（4）：30-33.
[118] 张菁，刘颖曦. 日本长寿社会住宅发展[J]. 建筑学报，2006（10）：13-15.
[119] 胡仁禄. 美国老年社区规划及启示[J]. 城市规划，1995（3）：58-60.
[120] 于一平. 北京太阳城国际老年公寓规划设计[J]. 建筑学报，2002（2）：33-35.
[121] 陈纪凯，姚闻青. 新世纪的“银色”人居环境准备——关于改善我国老龄化社会居住形态和居住环境的设想与建议[J]. 华中建筑，1998（2）：15-18.
[122] 王江萍. 城市老年人居住方式研究[J]. 城市规划，2002（3）：53-55.
[123] 曹力鸥. 人口老龄化对社区规划和住宅建设的影响[J]. 国外城市规划，1999（3）：19-24.
[124] 朱建达. 人口老龄化对住宅区规划的影响[J]. 新建筑，2001（2）：18-21.
[125] 孙思奇. 经济适用房设计应关注老龄化问题[J]. 住宅科技，2005（4）：40-42.

[126] 周典，周若祁. 适宜“老有所居”的城市老龄化社会居住环境建设方法研究[J]. 华中建筑，2009（3）：78-81.
[127] 开彦. 老年居住形态与老年社区建设[J]. 北京规划建设，2001（5）：50-52.
[128] 宋言奇. 城市老龄社区构建问题三议[J]. 城市规划汇刊，2004（5）：81-84.
[129] 马以兵，刘志杰. 我国老年居住环境的现状与发展[J]. 中外建筑，2008（10）：100-102.
[130] 汪劲松. 老龄化社会中城乡结合带开发利用途径初探[J]. 现代城市研究，2000（4）：55-56.
[131] 胡仁禄，马光. 构筑新世纪我国老龄居的探索[J]. 建筑学报，2000（8）：33-35.
[132] 马晖，赵光宇. 独立老年住区的建设与思考[J]. 城市规划，2002（3）：56-59.
[133] 周尚意，梁红梅，李亮. 城市老年人户外公共活动场所空间特征分析——以北京西城区各类老年人户外公共活动场所抽样调查为例[J]. 北京规划建设，2003（6）：72-75.
[134] 杨西文. 老年宜居型城市环境探析——以西安市为例[J]. 城市问题，2009（8）：45-48.
[135] 王玮华. 城市住区老年设施研究[J]. 城市规划，2002（3）：49-52.
[136] 阎春林. 老年居住环境的创造[J]. 新建筑，2001（2）：24-26.
[137] 贺文. 对老龄设施在城市和村镇规划设计中的思考——老龄设施体系和内容的探讨[J]. 城市发展研究，2005（1）：21-24.
[138] 万邦伟，李晨. 城市老龄化及老年公共活动设施规划研究[J]. 新建筑，1993（2）：58-61.
[139] 宋韬，汤建中. 试析上海市人口老龄化与社会养老设施的发展[J]. 人文地理，2001（3）：16-20.
[140] 杨静，赵家辉. 人口老龄化与城市养老[J]. 城市规划，2000（2）：42.
[141] 张文范. 我国人口老龄化与战略性选择[J]. 城市规划，2002（2）：68-72.
[142] 毛海虓，任福田. 中国老年交通特征、问题与对策研究[J]. 重庆建筑大学学报，2005（3）：30-33.
[143] 毛海虓，黄瑾. 美国面向老龄社会的城市交通对策以及对中国的启示[J]. 国外城市规划，2006（4）：90-92.
[144] 李锡然. 老龄化城市无障碍绿色步行系统分析[J]. 城市规划，1998（5）：44-45.
[145] 李峰清，黄璜. 我国迈向老龄社会的两次结构变化及城市规划对策的若干探讨[J]. 现代城市研究，2010（7）：85-92.
[146] 韩炳越. 适宜老年人的公共绿地规划设计[J]. 中国园林，2000（2）：60-62.
[147] 丁俊清. 休闲绿地——一种新的园林形式[J]. 城市规划汇刊，2002（5）：68-70.
[148] 郭子一，徐峰. 城市老年休闲绿地研究综述[J]. 城市问题，2009（8）：93-97.
[149] 刘颂，钱仁赞. 老年人弥补性景观及其规划设计初探[J]. 上海城市规划，2008（6）：15-17.
[150] 刘志强. 老龄化社会下的园林规划设计策略研究[J]. 苏州科技学院学报：工程技术版，2008（2）：59-62.
[151] 谢淼. 转型时期广州市老龄化地区空间分异及其形成机制研究[D]. 广州：中山大学，2012.
[152] 郑静，许学强，陈浩光. 广州市社会空间的因子生态再分析[J]. 地理研究，1995（2）：15-26.
[153] 李志刚，吴缚龙. 转型期上海社会空间分异研究[J]. 地理学报，2006（2）：199-211.
[154] 冯健，周一星. 北京都市区社会空间结构及其演化（1982-2000）[J]. 地理研究，2003，22（4）：465-483.
[155] 边艳. 转型期广州市中产阶层居住空间分异及其形成机制研究[D]. 广州：中山大学，2014.

后 记

有幸来到中山大学这个拥有优良传统的中国著名学府，聆听大师的教诲，与聪明又刻苦的优秀学子相伴，学习科学知识，学习为人处事，终至完成本书，一直都得到了很多的帮助和支持，在此我要对科研期间对我提供过帮助的人表示最衷心的感谢和最真诚的祝福！我会为此感恩一生。

感谢我的导师周春山教授。从学术问题的研讨，到科研项目的锻炼；从学术文章的发表，到研究的选题，研究思路的确定，乃至最后的成文，无不凝聚着恩师大量的心血。导师的悉心指导和言传身教，将使我受用终生。

感谢中山大学许学强教授、保继刚教授、李郇教授、袁奇峰教授、薛德升教授、林琳教授、曹小曙教授、周素红教授、林耿教授、李志刚教授、刘云刚教授、袁媛教授、吴箐副教授等诸位老师。在美丽的校园里，或有幸聆听他们的讲座、研讨及相关学术课程，或在研究讨论中提出了精辟见解与中肯的建议，都令我受益良多并深深折服于名师们睿智博学的学者风采！感谢曾菊新教授、罗静教授、佟连军研究员、何书金研究员在文章发表前的重要修改意见，为本书的进一步完善指明了方向；感谢科研秘书王少剑的细心安排和协助。

感谢温一红老师、李丹燕老师、游燕老师、左珍利老师在生活和学习上给予的帮助。

感谢边艳、张国俊、叶昌东、林先扬、朱孟珏、吴吉林、代丹丹、杨高、胡锦灿等同学在学术交流探讨、科研项目实践上给予的启发，以及在生活工作上给予的帮助。感谢郭环、李诗、王珏晗、赖舒琳、金万富、陈静、黎明等同学在本书实地调研、问卷调查、研究资料收集上给予的支持与帮助。我们在学习和生活方面一起成长，使我有了学习的动力和生活的亮色，最终才能走到如今，在此一并致谢！

感谢家人多年来对我默默的支持和无私的付出。

最后，再次向在学业上和生活上曾给我帮助的老师和同学表示深深的谢意！遇见中大，吾之所幸！

童新梅

2017 年 6 月于中山大学